Feeling
Slow & Relax
Nature
×
Natural

人生が変わる！

無意識の整え方

身体も心も運命もなぜかうまく動きだす30の習慣

前野隆司

慶應義塾大学大学院教授

ワニ・プラス

目次

無意識対談③×山田博 株式会社森へ 代表取締役 ……115

イントロダクション

本書は無意識についての対談集です

「無意識」は、わたしたち人間の脳にありながら、普段まったく意識されることのない領域です。例えば歩くとき。右足をこう動かそう、バランスをとるために腕はこう振ろう、左足はどんなタイミングで地面に当てるべきだろうかなんてイチイチ考えることはないでしょう。無意識の働きにまかせているので、わたしたちは何も考えずに歩くことができるのです。

一方、「意識」は見る、聞く、触る、喜ぶ、悲しむ、思い出す、考えるといった心の働きに欠かせない存在だととらえられています。これに比べると、無意識は日常生活にほとんど関係ないものに感じられるかもしれません。

しかし、本当は気づかない（意識されない）だけで、無意識の中でも、見る、聞く、触る、喜ぶ、悲しむ、思い出す、考えるといったことが常におこなわれ、すべての五感の情報が処理されているのです。

わたしが無意識の重要性についての仮説を発表したのは、２００２年の秋のことです。もともとわたしは大学でロボットやヒューマンインターフェースの研究をしていました。当時、注目していたのは触感です。工学的な観点から、ロボットに「触る」という感覚を備えさせようとしていました。例えば、ざらざらしたモノとつるつるしたモノをどうやって「感じる」のがいいのか。ロボットでも、指先や手のひら、腕などに各種センサーをつければ物質表面の摩擦や質量、種類を見分けることはできます。しかし、数値で表現する「触感」は、人間の「感じる」働きと果たして同じなのかという疑問が湧きます。人間が何かに触れたとき、その信号は神経細胞から電流として、脳に伝わります。そういう意味ではロボットとよく似ています。同じじゃないか、という考え方もできそうです。

でも、わたしたち人間は触ったモノに対して「心地いい」とか「気持ち悪い」といった感情を付随させることがあります。これをロボットにやらせるにはどうしたらいいのでしょう。このように、ロボットを研究していると、「人間」と「心」の問題がまとわりついてくるのです。

やがてわたしは、ロボットに心を持たせるにはどうしたらいいかを考えるようになりました。この問いは「このロボットには心がある」と定義するためには、何が必要なのかということでもあります。そもそも「心がある」「心がない」の違いはどこにあるのでしょう。

脳科学や心理学の論文や文献を調べると、近年の神経科学分野の進歩によって、脳の機能を科学的に分析することが可能になっていることがわかりました。「心」という人類のもっとも身近にして、もっとも未解明な分野にも、科学の光が当たるようになっていたのです。しかし、みなさんもご存知のように、まだ決定的な答えは出ていません。わたしはますます脳科学の研究に注力するようになっていきました。

そうして2002年秋、これまでにない、ちょっとおもしろいモデルを思いついたのです。わたしはそれを「受動意識仮説」と呼んでいます。

無意識は意識よりも先に決めている

受動意識仮説について説明する前に、興味深い実験を紹介しておきましょう。1983年、カリフォルニア大学サンフランシスコ校の医学部神経生理学のリベット教授が発表したものです。

リベット教授がおこなったのは、人間が指を動かそうとするとき、脳にある「動かそう」と意図する働き（意識）と、筋肉を動かせと脳が指令する随意運動野（無意識）の働き、そして実際に指が動くタイミングを計測する実験でした。

その結果は驚くべきものでした。筋肉を動かすための運動神経の指令（無意識）は、心が「動かそう」と意図する脳の活動（意識）よりも0・35秒も先だということがわかったのです。

常識的には、意識が最初に「動かそう」とし、それにしたがって運動の指令（無意識）が出て、指が動くはずですね。ところが実際は、まったく逆だったのです。何かの間違いではないかと思うかもしれませんが、この実験はその後もいろいろな研究者によっておこなわれており、いずれもほぼ同じ結果が得られています。

わたしの考えた「受動意識仮説」を用いれば、このリベット教授の実験結果を説明することができます。つまり、わたしたちの行動を本当に決めているのは脳の無意識であり、意識はその決定を約0・35秒後に受け取って「自分が決めた」と記憶（エピソード記憶）しているだけではないか、というものです。

この仮説では、わたしたちは自分の意志で「指をピースサインの形にしよう」と決め、その結果「ピースサインを出した」と思っていますが、本当は無意識が先に決めているということになります。川の上流にいるのは意識ではなく、無意識なのです。これをわたしは「川の下流にいるわたし」とか、太陽ではなく地球がまわっていたことがわかったときの衝撃になぞらえて「心の地動説」と表現しています。

少なくとも、ありありと「ピースサインを出そうとした」と思っている瞬間に感じる自由意志のようなものは、本当は存在しない錯覚なのです。

これは人間の意志や意識に主眼をおいてきた、これまでの近代西洋型の思考からは受け入れがたい考え方かもしれません。

「そんなバカな」

と思われる方も少なくないかもしれませんが、リベット教授ほかのさまざまな脳神経科学の実験結果を素直に受け入れるなら、そう考えないと辻褄が合わないのです。

脳にワンマン社長は存在しない

では、受動意識仮説が事実なら、脳とはどんな場所なのでしょう。一緒に考えてみましょう。

まず、わたしたちは通常、意識をどのようなものととらえているのでしょうか。それはサーチライトを照らす、司令塔のようなものだといわれています。

「美味しいラーメンを食べよう」

「楽しいことを考えよう」

次にどうするかを決め、脳内の担当する部分にサーチライトを当てて、指令を出すというイメージです。これが多くの方が、普通に考える意識だと思います。

ところが、受動意識仮説ではサーチライトは存在しません。無意識がやってくれたことを、意識はあとづけで受け取って、エピソード記憶するだけなのです。自由意志の力で身体を動かしているというのは勘違いだということになります。

これを会社に例えて、説明してみましょう。

わたしたちはワンマン社長のつもりです。これが意識です。

「あれをやれ！」

「これはこっちだ！」

なんて指示を出していますが、実際に会社を切り盛りしているのは現場でがんばっている社員たちなんです。

脳のさまざまな部位にある神経細胞が分担、協力して、どんどん物事を判断し、決定して、指示を出し、先に動かしている。彼らは社長の指示に「はい！」なんて、従順にしたがっているような顔をしているけど、じつは全部先にやっているんです。

社長はまったくそのことに気がついておらず、事後に報告されたことを「オレがやったんだよ」と思い込んでいる。

このように、社長（意識）を、すごく立ててくれる有能な社員たち（無意識）がつくる会社、それが人間なんです。あたかもサーチライトを当てたかのように感じて、自分が司令塔だと思ってるけど、それはじつは錯覚なのです。

では、わたしたちの意識は、何もできないダメ社長なのでしょうか。

わたしは、そうではないと考えています。

会社全体のことを考えてみてください。社長があれこれいわなくても、現場を熟知している有能な社員たちに全部を委ねてしまうことでうまくまわっている会社はたくさんありますね。むしろそのほうが理想的だという職場も少なくありません。意識と無意識にも、そういうあり方が可能だと考えています。

例えば「明日は早起きしなくちゃ」と強く意識しても、それができるかできないかは優秀な社員たち次第です。じゃあ、何もしなくていいのかというと、それも少し違います。

従来の意識や意志の優位性を信じるサーチライトモデルでは、「早起きしよう」という意志の強さが重視されました。また「起きられた」「起きられなかった」という結果にも、自分の意志の足りなさや強さに一喜一憂することになってしまいます。しかし、わたしはこうした意識の働きには、ほとんど有効な意味はないと考えています。むしろ、ただ疲れてしまい、社員たちに余計な仕事を押しつけているのではないでしょうか。

わたしたちを動かしているのは、無意識です。だとすれば、意識はもっと自然体のままリラックスして、彼ら＝無意識に委ねてしまってはどうでしょうか。そうすれば、社員たちはもっとのびのびと働けると思うのです。無意識に委ねることは、新しい生き方につながるかもしれません。ただし、正確にいえば、意識下で「無意識に委ねてしまおう」と意志決定するとき、じつはそれ以前に無意識下で、すでにその意志決定はなされているのではありますが。

また、わたしたちが日々交わしているコミュニケーションは言葉や表情、身ぶり以外の部分が重要な意味を持つことがわかっています。

独創的なロボット研究で知られる石黒浩教授と演出家の平田オリザさんがおこなったロボット演劇という試みをみると、一見不要で無駄に見える動作や間《ま》の存在がロボットに「人間らしさ」を与えていることが一目瞭然です。わたしたちはこのような動作の揺らぎを無意識のうちに感じ取っているのです。無意識を知ることは、コミュニケーションを変える可能性も秘めているといえそうです。

それだけではありません。「直感」や「ひらめき」は、意識されないところから「降ってくる」「降りてくる」ものです。こうしたイノベーティブな発想の源泉にも、無意識の働きが関わっています。無意識を整えるようなライフスタイルを持つことは、彼らの本当の声を聞き、創造的な思考をするきっかけにもなるはずです。

無意識は間違いなく、これからの時代のキーワードなのです。


無意識は時代のキーワードといっても、これまでの「意識」中心の考えから「無意識」を大切にする生活にシフトするのはカンタンではないでしょう。

「じゃあ、今日から無意識を大切にするぞ」

なにしろ、こんなふうに心がけることすらも意識の働きなのですから、発想そのものを変える必要があるのです。受動意識仮説を唱えているわたし自身も、日々の生活の中では、意識主導で考えているように実感しているわけですから。

無意識を整えるための4つの対話

そこで、本書では、4人のエキスパートの方々にお話をうかがうことにしました。

それぞれまったく別の分野ですが、それぞれの方法で無意識と深く関わり、整え、委ねておられるとわたしが考えた方々です。

藤平信一《とうへいしんいち》さんは、合氣道家です。

「氣」は科学的に証明されたものではありませんが、その存在を認めることで、人が人を無意識のうちに動かしたり、倒したりするのではないかと考えて対談をお願いしました。また「型」の稽古にも興味があります。脳科学でいうと、運動は小脳が担当し、無意識に身体を動かします。しかし、下手くそなうちは、大脳があれこれ考えているようです。型を繰り返して覚えるという行為は、意識から無意識に入れるという行為なのです。

松本紹圭《まつもとしょうけい》さんは僧侶です。

わたしが受動意識仮説を思いついたとき、すぐに連想したのはじつは仏陀《ぶっだ》でした。２０００年以上前に、すでに「わたし」という存在はないということをいっている。ということは、無意識に身を委ねる生活の究極は「悟り」なのではないか。そう思い、対談をお願いしました。

山田《やまだ》博《ひろし》さんは森で過ごすプログラムをなさっているコーチングのプロです。

２０１４年にわたしはそのプログラムに参加したのですが、森にいるだけで、無意識への扉が開いたような感覚になり衝撃を受けたのです。山田さんは「どうしていいのかはわからない」とおっしゃる不思議な方ですが、自然と無意識との関係について語り合いたいと、お願いしました。

稲葉《いなば》俊郎《としろう》さんは、東京大学医学部附属病院の医師であり、医学者の方です。

医学は現代科学の枠を集めた世界でありながら、同時に「生命」や「幸福」という、理屈ではなかなか割り切りづらいものを扱うジャンルです。その最先端におられる若手医師が、東洋医学だけでなく、哲学や民俗学、古典芸能などを医療に取り入れ、無意識でのコミュニケーションも重視なさっていることを知り、お話をうかがいたいとお願いしました。

本書はこの4名の方々との対話を通じ、無意識を整え、無意識に委ねるコツと、そこから生まれる未来を探っていくものです。みなさんも、わたしとぜひ一緒に考え、そして感じてみませんか。

なお、「無意識」という言葉にはさまざまな定義がありますが、本書では「意識できない脳の働き全般」を指す言葉として使っています。脳科学者、心理学者によっては「潜在意識」や「深層意識」と呼んだり、無意識の中に「前意識」というものを想定する場合もありますが、これらすべてを含んだものです。一般的にいわれる無意識とほぼ同じものと思っていただいていいでしょう。

無意識対談①×藤平信一

心身統一合氣道会 会長

藤平信一　とうへいしんいち

心身統一合氣道継承者。
一般社団法人心身統一合氣道会会長。
慶應義塾大学非常勤講師・特選塾員。
1973年東京都生まれ。東京工業大学生命理工学部卒業。
幼少から藤平光一（合氣道十段）より指導を受け
心身統一合氣道を身につける。現在は世界24カ国で
5万人が学ぶ心身統一合氣道の継承者として、国内外で
指導・普及にあたる。慶應義塾大学では體育會合氣道部の師範、
また非常勤講師として一般教養の授業を担当。経営者、
リーダー、アスリート、アーティストなどを対象とした講習会、講演会、
企業研修などもおこなう。2010年1月からは、
米国MLBロサンゼルス・ドジャースの若手有望選手、
コーチへの指導にも携わっている。著書に『心を静める』、
広岡達朗、王貞治との共著に『動じない。』がある。

氣とは?

前野　じつは、先代のお父さま(「心身統一合氣道」創始者・藤平光一[1]氏)にお会いしたいとずっと思っていたんです。お父さまの教え子がぼくの講義を受講していたのがきっかけで、氣に興味を持って、お父さまのご著書を読んで、自分なりに考えていたんですよ。

藤平　そうだったんですか。おかげさまで先代は91歳まで長生きしましたが、残念ながら2011年に亡くなりました。

前野　そうなんですね。残念です。それで今日は継承者であられる信一会長にお話をうかがえればと思っています。ぼくは武道はまったくの素人ですが、力で相手をねじ伏せない合氣道の根底には、西洋的な「正しいか間違いか」「相手を力で倒す」という価値観とは違う考え方があると感じています。これには、ぼくが提唱している「受動意識仮説」に通じる部分があると思うんです。意識や意志は幻想ではないか、それを認めることで人はもっと幸せになれるんじゃないか、というところをつなげてくれる気がしてならないんです。

1―藤平光一　(とうへいこういち／1920～2011年)慶應義塾大学経済学部卒業。幼少の頃より病弱だったため、強い心と身体を求めて、坐禅や神道の「みそぎ」の呼吸法を修行。19歳から合気道開祖の植芝盛平(うえしばもりへい)に師事。のちに最高段位である十段を得る。終戦後から中村天風(なかむらてんぷう)に師事。1953年から単身で世界を回り、合気道の普及に尽力。1971年、「氣の研究会」を組織し、以降、心身統一合氣道を世界中に普及し、多くの指導者を育成する。スポーツ界では広岡達朗や王貞治への指導が有名。2007年、心身統一合氣道のすべてを息子・藤平信一に継承させ、2011年、91歳で逝去。『「氣」の威力』、『氣の呼吸法』など多数の著作がある。

藤平　はい。まず最初にお断りしておきますが、いわゆる「合気道」にはいくつかの流派があります。外側からは同じに見えるかもしれませんが、稽古の目的や方法はそれぞれ異なっています。ですから、わたしは合気道全般を語る立場にありませんので、今回は、わたしが継承した「心身統一合氣道」の考え方についてお話しすることになります。

前野　なるほど。いろんな流派があるんですね、わかりました。ではそのうえで質問させてください。いきなりですが「氣」とは何ですか？

藤平　はい。氣を超能力的なもの、オカルトのような特別な力のように考える方が多いのですが、我々はそういうとらえ方はしません。誰もが持っていて、誰でも活用できる、生命の根幹だととらえています。「氣が通《かよ》う」と表現するんですが、これは、「氣が交流する」という意味です。これは、中国の「気」とも異なっています。中国では気はバッテリー（蓄電池）のように体内に蓄えられて、使えば消耗するものと考えることが多いのですが、我々のいう「氣」は、もともと通っているもの、互いに交流しているものです。

前野　通うものですか。

藤平　はい。氣の交流が活発な状態を日本語では「元気」といい、滞ると「病気」といいます。これが完全に途絶えた状態が、生き物では「死」です。

氣は いつでも 誰でも 再現できる

前野　なるほど。ぼくは科学で証明されないことは基本的に信じません。ですから、氣も未解明の新たな物理現象だとは思っていないんです。将来、解明されうるような、人間の反射や認知の問題で説明できるのではないかと考えています。

藤平　それは普遍性、再現性がないものを信じないという意味ですよね。わたしもまったく同じ立場です。先生の母校と同じ東工大に通っていましたから（笑）。

前野　同じところで学んだと思うと、親近感を感じますね（笑）。

藤平　母校のＤＮＡだからというのは冗談ですが、先代の藤平光一も「正しいものには普遍性、再現性がある」といっていて、氣は「わたしだけができる」「今だけできる」というものではないととらえています。誰でも、いつでもできるものだという立場です。

前野　氣はオカルトではなく科学である。でも「何リットル」と量れないですね。

藤平　そうですね。定量化できません。

前野　だとすると、物理的には何なのでしょう。

藤平　その答えにあたるものを、わたしは持っていません。ですから科学とは真逆のアプローチになるんですけど、「普遍性、再現性がある」ということを体験的に実証していくというスタンスを取っています。

前野　なるほど。物理的には証明できていないけれども、氣という存在を仮定することで説明できる体験や現象があり、合氣道という体系も成立するということですか。

藤平　はい。わたしは相当に疑り深いので「氣がある」という前提からはスタートできなかったんです。長年積み重ねてきて、体感的には「ある」と確信できるようになりました。ですから、先生のように科学的に突き詰めていくことはわたしの役割ではなく、実生活にどう活かすかということが活動のメインになっています。

メジャーリーガーと氣

前野　科学的に証明できない仮説だけど、体感で確信できるという感じはわかります。例えば「意識」も物理的に定量化できませんが、体験的に「ある」と仮定するのが一般的になっています。そのほうが理解しやすい部分が多かったからです。でも「ない」と仮定しても、受動意識仮説のように理屈は成り立ちます。氣も「ない」という仮定でも暮らすことができますが、「ある」と仮定するとより良く生きられるということはあり得ると思いますね。

藤平　氣を「ある」ととらえると、いろんなことが良くなっていくんですよ。例えばわたしは野球選手を指導しているんです。

前野　野球ですか！

藤平　はい。２０１０年からロサンゼルス・ドジャースの若手選手やコーチに指導をしています。「氣を学びたい」という依頼を受けたときは、正直チャレンジングな気持ちでした。何しろ、彼らの職業に合氣道なんて必要ないわけですから。

前野　そうですよね。

藤平　ところが、期待以上にうまくいきました。わたしから見ると、「氣が通っているかどうか」が、彼らのバッティングの結果に明らかに影響していたんです。それで好調・不調の理由を、氣という概念を使って説明しました。すると、パフォーマンスががぜん向上したんです。理解も非常にスムーズでした。なぜなら、彼らは「打つ」という目的のために体感的に納得したことは、素直に受け入れてくれるからです。

前野　なるほど。氣は英語で何というんですか？

藤平　「ＫＩ《き》」です。漢字では「気」の旧字で、〆《しめる》ではなく、八方に広がる米《こめ》の「氣」と書いています。こだわっているわけではないのですが、こちらのほうが我々のイメージする「通わせる」氣にふさわしいと考えて使っています。

対戦相手と対峙せず、一体になる

前野　藤平さんから見ると氣はある。しかも役に立つ。でも、存在しないようにも見える。個人的な仮説ですが、氣は「うま味」みたいなものじゃないかとも思えます。

藤平　うま味ですか（笑）。

前野　はい。西洋では、味を構成する要素を長い間、塩味、甘味、酸味、苦味の4つで説明していましたね。日本人が昆布出汁などで見つけたグルタミン酸の味を、第5の基本味「うま味」と名づけたのに、彼らはなかなか認めなかったんです。4つの味の組み合わせで説明できると主張していた。でも日本人にとっては「うま味」があるのは当たり前に感じられますよね。

藤平　乱暴な言い方かもしれませんが、西洋で生まれた科学的な価値観では、対象を観察する姿勢が重要視されますね。しかし、合氣道を含めた東洋世界には、観察者と対象が一体になるという姿勢があるように思います。

前野　主体と客体を分けないということですか？

藤平　はい。日本人はそういう教育、文化を持っているところがあるんじゃないかと思います。ちょっと握手をしましょう。（実際におこないながら）友好的に握手するとき、わたしたちは「一体」になっている実感がありますね。相手を受け入れ、氣が通っている状態です。次に、わたしのことを押さえつけるために、わたしの手首を力いっぱい摑んでみてください。このときは一体感がまったくありませんね。なぜなら、「摑む人」「摑まれる人」という関係性に変化し、相手と対峙してしまうからです。

前野　たしかにそうですね。

藤平　ところが、どれだけ強く摑まれても、握手するときのように相手を受け入れると、再び氣が通って一体になるんです。これが合氣道の技における基本なんです。

前野　おっと。（転びそうになる）

藤平　前野先生はわたしに無理やり動かされているわけではなく、自然と身体が動いていますよね。それは先生とわたしが一体になっているからなんです。

前野　おもしろいですねえ。でも合氣道はそういうルールの武道ですが、他の武道や多くのスポーツは敵味方に分かれての戦いではないですか？

藤平　そうとも言い切れないんです。例えば野球も基本的には相手

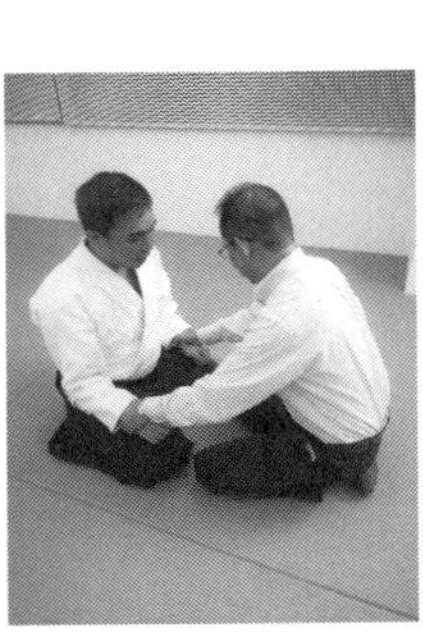
手首を力いっぱい摑んで押さえる。

それでも相手と一体になった状態で一緒に動くと……

相手は無理に倒されるのではなく、自然に倒れてしまう。

チームと戦っているわけですが、対峙する意識が強いときは氣が通わなくなるんです。相手と氣が通っているから、相手の動きにも瞬時に対応できるわけです。

前野　ほお。

藤平　ちょっとした心の変化で、一体になったりバラバラになったりします。周囲と一体になっているときがベストコンディションのときです。野球でいえば「打とう」という気持ちが強すぎると、氣が通わなくなります。これは選手にとって良くない状態です。

前野　東洋的な野球というあり方が可能なんですね。それは他のスポーツでも？

藤平　おそらく同じことだと思います。野球については、これまでの成果からみて間違いないでしょう。

好調な自分を再現する方法としての氣

前野　仕事や社会生活の中でも、氣を通わせることは大切そうですね。

藤平　はい。まさしく、家族のこと、仕事のこと、そういうところに「氣」を活かしていただければと思っています。例えば仕事の交渉って、最初から自分勝手な落としどころを決めてから臨むと、たいていうまくいきません。「説得する側」と「説得される側」となってバラバラになってしまうからです。ところが交渉上手な方は、説得ではなく「一緒に決める」流れをつくります。我々の合氣道では「導き投げる」といいます。これは日常のプロセスにも我々の考え方が応用できるという一例です。

前野 なるほど。でも日本だと、実際には別案や事前の下交渉があって、途中の交渉や会議は単なる形式だけというケースが多くないですか？ 氣を通わせるような有意義なやり取りはしなさそうですよ（笑）。

藤平 たしかに（笑）。そうかもしれません。

前野 ということは、東洋思想をある程度理解している日本人だからといって、氣を通わせるのが上手、といえるわけではない？

藤平 その通りだと思います。実際、外国人であるドジャースの選手は非常に理解が速かった。彼らはみな一流のプレーヤーなので、調子がいいときの感覚をしっかり持っていたからだと思います。

前野 そうか、ちょっと残念ですね。うま味のようなわけにはいかないのですね。

藤平 （笑）。ただ、彼らには、その感覚を再現する方法がなかったんです。

前野 「氣」という概念がその役に立った。

藤平 はい。氣が通っているとき、通わないときの違いを、姿勢や動作で示しながら教えてあげるんです。すると、過去の自分の体験と照らし合わせながら、すぐ理解して、自分自身で再現できるようになりました。

前野　なるほど。あの、バカな質問をさせてください。氣が通っている状態はどうやったら確認できますか？

藤平　何か特別な感覚があるわけではありません。例えば、元気なときって、特別な感覚があるわけではないですね。ただ、実感として身体が軽かったり、やる気に満ちていたり、幸せを感じていたりはあります。氣が通っているのも同じで、さまざまな実感があります。それを姿勢や動作を通じて確かめることができます。

分析できても実践できない

前野　合氣道には、手を触れないで相手を投げるといったイメージもあるのですが。

藤平　氣が通った状態で、相手の状況を見定めて、タイミングが合えば、似たようなことは可能だと思います。（実際にやってみせる）ただ、本当にまったく離れた状態で投げられるとは思いません。もしそういうエネルギーがあるなら、工業的に利用したいですよね（笑）。

前野　小指で大男をすっと動かしたりというのはどうですか？

藤平　こういうことですか？（実践する）

前野　できるんだ！

藤平　これも相手の状況を見定めることが大切で、氣が通っていると自然にわかるんです。ところが、相手を自分の思い通りにしようと考えるとできません。

前野　人間には脊髄反射[2]という反応がありますね。叩かれたら逃げたり、目をつぶったりという、戻す力が働く。こういうことを無意識にやってしまう。こうした反応を応用しているのではないかと思うんですが。

藤平　その分析はおそらく正しいんだろうと思います。ただ、そう理解しても、実際にやろうとすると、なかなか同じことはできないんです。

前野　（実際に同じようにやってみるができない）本当だ。客観的な分析はできても、まったく実践できないですね。そのために「氣を通わす」という方法論があるということですか。

藤平　はい。再現できるかという点では、分析だけでは足りないんだと思います。わたしたちは再現するところ、体感してもらうとこ

2―**脊髄反射**　脊髄を中枢とする反射の総称。刺激を受けた感覚神経が信号を脊髄に送り、運動神経に伝達されて反射が起こる。脳を介する反射と比べてシンプルなものが多く、刺激を受けてから短時間で反射を生じる。

ろをやっているんです。

前野　なるほど。でも分析するのはいいんですよね？　わたしは科学者なので、メカニズムを知りたいんですよ。

藤平　ええ、もちろん（笑）。先生との役割分担ですね。

氣と幸福感は似ている

前野　以前、あるお坊さんに、自分なりに分析した「悟り」のことを話したことがあるんですが、そのときも「それでは悟れませんよ」といわれました（笑）。悟りの概念や道筋を説明できても、意識的に「悟ろう」としているうちはたどり着けない。むしろ、遠くで犬が吠えた声を聞いたりしたときに、ふと悟ったりするものだといわれたんです。これは、幸せにも似ています。心理学で分析してみると「幸せになろう」とするより「誰かを幸せにしよう」としている人のほうが圧倒的に幸福だということがすでにわかっています。前者の幸福感はすぐに去っていく。でも後者は深く、長く続く。これって氣が通うということと同じに聞こえませんか？

藤平　わたしにも、そう聞こえます。先代の藤平光一は「氣とは、海中の水を手で囲うようなもの」とよく表現していました。手の中にある水は「自分のもの」ともいえますが、大きな海の一部に過ぎません。氣もそうだというんです。

前野 ほう。

藤平 ですから、手にした水を独り占めしようとしっかり囲っていると、だんだん淀んで腐ってしまいます。氣もまた通わせずにいると淀んでしまう。氣も自分も天地の一部であるのだから、周囲と通わせることで、澄んだものとして活かすことができるんです。

前野 氣を幸せに言い換えても通じますね。幸せと氣が同じものかもしれないだなんて、考えたこともなかったなあ。

藤平 わたしも前野先生の本を拝読して驚いたんです（笑）。合氣道の技にもそういう側面があります。普通は、投げられると「ちくしょう！」と悔しく感じるものだと思われるでしょう。でも、正しく「導き投げる」と、投げられた側も幸せな気分になるんです。

前野 悔しくないんですか？

藤平 悔しさは感じません。むしろ笑ってしまうんです（笑）。自分の動きを妨げられた感覚がないので、投げても投げられてもうれしいんですよ。積み重ねていくとそうなります。投げられたら負けではないのです。

前野 そうなんだ。

藤平 ここ数年、総合格闘家の美濃輪育久さん[3]（ミノワマン）が道場に通っておられます。

美濃輪さんがなさっているのはまさに格闘技そのものなんですが、それでも「倒そう」という気持ちが強すぎると、調子が悪いとおっしゃっています。

前野　そうなんですか。

藤平　調子がいいときは、そういう気持ちではないという実感がもともとあったそうです。ただ再現ができないということで、道場に通われています。

前野　倒すという意志の強さは邪魔になるんですね。

藤平　（実際にやってみせる）相手を倒すことが目的だと、相手に抵抗されてしまいます。もし相手のほうが体格や強さが優っていたら、技をかけるのは大変です。ですから、考え方を変えて「大丈夫ですか？」と相手を介助しているような気持ちと体勢で組むんです。わたしたちの言葉でいえば「氣を通わせる」状態です。すると、相手と一緒に動くことになり、体格や力の強弱に関係なく、投げたり、倒すことができるんです。（相手がひっくりかえる）

同じようにやってみてくださいといっても、なかなか思い通りに

3｜**ミノワマン**（1976年〜）男性総合格闘家、プロレスラー。本名・旧リングネーム：美濃輪育久（みのわいくひさ）。ニックネームは「本能のリアルプロレスラー」、DREAMスーパーハルクトーナメント王者（2009年）。

相手を力ずくで動かそうとするのではなく、「介助するような」気持ちで相手と一体になって動くと、相手は抵抗することができず、最小限の力で動かすことができる。

いかないと思います。表面のかたちだけ取り繕ってもダメなんです。「大丈夫ですか？」と口ではいってみても、潜在的な無意識のところが違うとうまくいきません。その無意識の部分を変えていくような稽古をおこなうんです。

前野　無意識が出てきましたね。本来、意識的には触れないはずの部分を変える。合氣道にはそのノウハウがあるということですか？

藤平　そうです。合氣道でその役割を果たすのが、技の稽古です。意識しなければできない技はホンモノではありません。意識しなくても当たり前のこととしてやれるようになるまで繰り返す。そうすることで、習得が可能になります。

習得とは、無意識でできること

前野　技というのは「型」ですよね。型を繰り返すことで、意識する必要がなくなり、無意識を変えていくことになる？

藤平　ええ。わからないうちは、どうしてもかたちにこだわって意識してしまいます。でも繰り返すことでこの感覚を覚えれば、かたちから離れ、無意識のうちに相手と一体となって動くことができるようになれるんです。ただ……。

前野　ただ？

藤平　簡単ではありません、そこまで行くのは（笑）。投げたいという欲望がどうしてもありますから。

前野　そもそも矛盾していますよね。投げたいのに、その投げたいという意識を消すんですから。

藤平　そうですね。ところが、実際にやってみると、本当にありがたいことに、何回かに一回はとてもうまく動ける瞬間があるんです。ただ再現ができない。

前野　最初は。

藤平　はい、最初のうちは再現できません。でもうまくできたときの感覚を頼りに、何回も繰り返し、繰り返し、鍛錬していくと、だんだん再現できる回数が増えていきます。稽古の相手が変わるとまた感覚が違います。そこでもまた繰り返す。そうやって、いつでも、どこでも自然に動けるように習得していくんです。

前野　技を覚えることで、氣の感覚が身につくということですか？

藤平　心身統一合氣道の目的は技の習得だけではありません。道場で得た感覚を日常に活かせるようになることを「身についた」と呼んでいます。

無意識に入れる

前野　藤平さんはまだお若いのに、その感覚を身につけ、会長として活躍されておられるんですよね。それはやっぱり先代であるお父さまの遺伝子、ご指導、素質を兼ね備えておられたからですか？

藤平　素質についてはわかりません（笑）。ただ、最初から「氣とはこういうものだ」という思い込みがなかったのは良かったかなと思います。父のことは尊敬していましたが、やっぱり稽古を通じて自分で納得しながら体得していった部分が大きいですね。その積み重ねがなければ、今の立場になることは難しかったでしょう。

前野　先代とは指導法も違うんですか？

藤平　父は創始者ですから、体得が先で、あとから人に教えました。一方で、弟子であるわたしたちは、先に教わり、あとから体得しています。ですから、体得までのプロセスが違うわけで、当然、指導法も違うと思います。ただ、どのような場合でも、稽古の目的を正しく伝え、それから稽古を始めます。そうでないと海外ではなかなか理解されないことも多いですから。

前野　体得できるまで指導する、ということですね。

藤平　無意識に入れてあげるんです。

前野　無意識に入れる？

藤平　わたしは小さかった頃、靴を脱ぎっぱなしにするクセがありました。こういうときに「何やってるんだ！」と叱ると、反発するか、泣き出すかになるでしょう。これでは意識上のやり取りで終わってしまって、無意識には入りません。しかし先代である父は、幼いわたしが何度同じことをしても怒りませんでした。満面の笑みをたたえて、わたしを呼んで「一緒に揃えよう」というんです。

前野　へえ。それには反発しなかったんですか？

藤平　反発する気にもならないような、ものすごい笑顔なんですよ（笑）。ニコニコとやるんです。

前野　（笑）でも、また？

藤平　ええ。また翌日、わたしはやってしまいます。それでも怒らず、父は何度も同じことを繰り返しました。何十回あったかわかりませんが、そのうちに「靴を脱ぎっぱなしにすると気持ちが悪い」と自分で揃えるようになっていたんです。これはわたしの無意識に入るように、父が教えていたのだと思います。

前野　なるほどなあ。

藤平　繰り返すにしても、その都度怒ったりすると、相手も感情的になって、意識が邪魔をします。そうすると無意識には入らず、習慣を変えることはできないんです。だから、父は「毎日意識してやりなさい」と教えるのではなく、わたしの無意識の部分に教え、習慣を変えさせようとしたのだと思います。

無意識に教え、育てる

前野　納得できる気もするんですが、やっぱり不思議ですね。人間は意識的に学び、考え、物事に対処しながら成長するものだとされています。でも指導や教育をする側が、学ぶべき部分を相手に意識させようとすると、可能性を狭めてしまうのかもしれませんね。無意識に教えると、より身につき、大きく育つ気がしてきました。

藤平　わたしはそう思います。技を指導するときも、潜在意識、無意識に教えるよう心がけています。例えば、本当は左足が前なのに、ついつい右足が出てしまう人がいる。「左足が前です！」と厳しく注意するよりも、「こうですね」と一緒に動いて指摘するだけに留めたほうが、しっかりと直るんです。

前野　時間はかかりませんか？

藤平　たしかに手間はかかるのですが、トータルでみるとこのほうが効率がよく、確実だと思います。

前野　ぼくは学生に「そうじゃないよ！」とつい怒ってしまうことがあるんですが、あれはダメなんですね。もっと優しくするべきなんですね。

藤平 それが基本だと思います。ただ、先代は同時に「燃やす」ということもやるんですよ。

前野 燃やす？

藤平 もうガーッと一気に叱るんです。こちらが、次は殺されるかもしれない（笑）、と思うくらいの勢いで怒る。そこまでやると、無意識もびっくりするのかもしれません。

前野 厳しい面もおありだったんですね。

藤平 使い分けていたんだと思います。ただ優しくしているだけでは慣れてしまうから、ときには思い切り怒る。それもまた無意識に入れる工夫だったのだと思っています。指導する立場を何年か続けて、わたしもようやくわかってきました。

前野 メリハリが必要なのは実感としてわかりますね。小言みたいなことをグチグチずっと繰り返すのは最悪でしょうし。

藤平 （笑）。本当に怒ったら、相手のことが見えなくなってしまいますよね。それは教育や指導ではありません。優しいときも、厳しいときも、氣を通わせながらやらなくてはいけない。そうすれば、無意識に深く伝えられるんです。

前野 ということは、夫婦ゲンカもしませんか？

藤平 ……身内がいちばん難しいんですよ（笑）。

前野　やっぱり！

藤平　夫婦、親子、兄弟といった関係になると、どうしても「理解して欲しい」という気持ちが出ちゃうんでしょうね。

前野　なんだか安心しました（笑）。

無意識にマイナスなものを入れない

前野　合氣道の考えは、本当に武道以外にも応用できるんですね。

藤平　そう考えています。先代の藤平光一は無意識のことを「心の倉庫」とも呼んでいました。「あなたはダメだ」「あなたにはできない」といわれ続けていると、最初は意識で反発しますが、そのうちに無意識に届いてしまうというんです。先代は、この倉庫にある材料で人はできているとしています。

前野　無意識でできている。

藤平　心の倉庫にマイナスなものを貯め込んでおきながら、プラスのものを出そうとするのは無理がありますよね。氣を通わせるためには、ここをプラスにしなくてはいけない。

前野　なるほど。

藤平　ですから、テレビを観るにしても、流しっぱなしにしないほうがいいと思います。マイナスな内容のニュースでも現実は現実ですから、必要な情報を得るのはいいでしょう。

でも意識を向けずに、垂れ流しているのはじつは怖いことなんです。

前野　マイナスな情報が無意識に入ってしまう。

藤平　ええ。うつ病を患う経営者の方にお会いすると、意外なことにプラス思考の持ち主が多いんです。みなさんプラスに考えようとなさっているんですが、心の倉庫がマイナスになっているからできない。それなのに「なぜプラス思考ができないんだろう。自分はダメなのではないか」とさらに無理を重ねてしまっているように見受けられます。

前野　そういう方にはどう指導するんですか？

藤平　まずプラスを装うのはやめて、プラスの言葉や記録を無意識である「心の倉庫」に入れましょうとお話しします。具体的なやり方のひとつは、プラスの言葉を口にすることです。できる限りマイナスな単語や表現を使うのをやめ、つい口にしてしまったときには、すぐにプラスの言葉に置き換えて、訂正するんです。

前野　それも繰り返しが大切そうですね。

藤平　そうですね。これだけでも毎日続けると、氣が通うようになります。

藤平　またプラスの記録をつけることもお勧めしています。わたしたちは一日の終わりに「できなかったこと」「失敗したこと」を思い返しがちです。そうではなく毎晩、その日に「できたこと」「良かったこと」を例えば五つ以上記録したり、思い出す習慣をつけてもらうんです。

毎晩、良かったことを思い出す

前野　それはマーティン・セリグマン博士の「ポジティブ心理学」[4]と同じですね。もともとはうつ病の治療をしていた方ですが、病気を問わず多くの人の幸福感を高めようと考案された心理学です。こちらでも、一日にあった良い出来事を三つ書き出すという方法が非常に効果的だとされているんです。

藤平　そうなんですか。

前野　ほとんど一緒ですね。

藤平　初めて知りました(笑)。これはよくおこなっている指導です。

4｜**ポジティブ心理学**　(positive psychology) 個人や社会を繁栄させるような強みや長所を研究する、近年注目されている心理学の一分野。アメリカ心理学会の元会長、マーティン・セリグマン博士は、「ポジティブ心理学の父」と呼ばれている。精神疾患を治すことよりも、通常の人生をより充実したものにするための研究がなされていて、「幸福になれば、人は生産的で、行動的で、健康で、友好的で、創造的になる」という研究結果が出ている。

観念をプラスにする技

藤平　もうひとつ、観念についてもプラスにすることが重要だと考えています。いざというとき「失敗するんじゃないか」「自分には無理じゃないか」と、ふと不安な気持ちがよぎることがありますね。これを「マイナスの観念」と我々は呼んでいます。これを抱えたまま行動を始めると、たいていうまく行きません。野球選手でいえば前の打席でひどい三振をした。観客に野次られた。「次も三振するのではないか」と思ってしまう。あるいは、年をとってフィジカル面の能力が落ちてきて「もうダメじゃないか」と思ってしまうのも、マイナスの観念です。

前野　そういう瞬間はありますね。

藤平　これをそのままにせず、切り替えるのも大切です。

前野　どうするんですか。

藤平　吹くんです。勢いよく、息をフッと。

前野　マイナスの観念を吹き飛ばす？

藤平　ええ。「息を吹くとマイナスの観念がすべて吹き飛んで、プラスの観念に変わる」と決めて、その回路を自分の中につくっておくんです。

前野　信じてなかったら効果はないですよね。

藤平　はい。疑っていてはできませんが、そう決めてしまえば、いざというときに役に立ちます。王貞治さんは先代からこれを聞いて、現役時代、よく実践なさっていたそうです。とくに引退間近の頃は、フッとよく吹いていたとおっしゃっていました。

前野　そういう習慣をつけるのはいいことですね。

藤平　観念が生じるのは止められないんですよ。生じないようにするのは不可能です。だから、生じた瞬間にすぐ対処できる方法が必要なんです。しかも余分な力が抜けるようなものがいい。そう考えた藤平光一が見つけた切り替え法なんです。実際に吹かなくても「吹き飛ばした」とイメージするだけでも構いません。

前野　いいですね、それ。どんな職業や状況であっても使えますね。

藤平　これも心身統一合氣道の技なんです。

前野　先ほど「観念が生じるのは止められない」とおっしゃいましたね。意識的に止められないのは、これが無意識の働きだからだと思います。しかし、心身統一合氣道の技は、これをコントロールするテクニックなのではないでしょうか。

藤平　ああ、なるほど。そういうことかもしれません。

心身分離と心身一如

藤平　本来心と身体はひとつのものです。ところが我々は日常生活で心と身体をバラバラに使っていることが多いものです。「やりたくないな」

と思いながら仕事や勉強をしたり、「行きたくないな」と思いながら、どこかへ行かなければならなかったり。そういうときは疲れやすいし、能率も悪い。

前野　思い当たることが結構あります。

藤平　それは自分の心を充分に目標に向けず、身体だけを使っているからです。これを「心身分離」の状態といいます。その一方で自分が好きなことをやっているときは、心と身体が同じ方向を向いていますから能率も上がる。疲れにくいし、何より楽しい。これが「心身一如」[5]の状態です。よく、出かけたあとで家のカギをかけ忘れたんじゃないかと思うことがありますよね。カギを締めるときは、心をカギに向ければいいのです。ただ、急いでいると心が先に向かっているので、ついおろそかになるんです。

前野　心配になって家に戻ってみると、たいていはちゃんと締まっています（笑）。

藤平　本を読みながら考えごとをしてしまって、文字を目で追っても全然頭に入らないのも心身分離の例です。心を二つの違うことに

5―**心身一如**（しんしんいちにょ）仏教で、肉体と精神は一体のもので、分けることができず、ひとつのものの両面であるということ。「心身」は心と身体。「一如」は真理はただひとつであるという意味。「一」は不二、「如」は不異の意で、異ならないことを指す。

使うのは不自然だし、無理があるのです。

前野　スマートフォンを見ながら歩くのは、心身分離の典型ですね。

藤平　その通りです。また、言葉にも「心身一如」と「心身分離」があります。「ありがとう」や「ごめんなさい」などという言葉を心が込もっていない態度で発したら、受け手はどう感じるでしょう。わたしたちはその発話より先に、その人が発している「氣」を感じています。その氣とあとから聞いた発言が一致しているかを確認する作業を、我々は無意識のうちにいつもやっているんです。

氣の通う「いってらっしゃい」

前野　他にも、氣が応用できる言葉はありますか？

藤平　そうですね。例えば学校に向かうお子さんにかける「いってらっしゃい」と、帰ってきたときの「おかえりなさい」に氣が通っていないことが多いと思います。

前野　ああ、たしかに。決まり文句のようにいっていますね。

藤平　「いってらっしゃい」という言葉には本来「気をつけて、いっ

おじぎや握手、挨拶やモノを渡すときなども、心身一如であり、相手と氣が通った状態でおこなうことが大事。

て戻ってらっしゃいね」という気持ちが込もっていますよね。氣が通った状態で声をかければ、子どもの潜在意識にも「行って、帰ってくる」という気持ちが入るんです。ところが氣を通わせずに、ただ「行きなさい」「出かけなさい」という言葉として発してしまうと、マイナスの言葉になるんです。

前野　「戻ってらっしゃい」という大事な部分が欠けた、ただの「GO」になる、と。

藤平　ええ。一日だけならいいですが、これが毎日繰り返されると、心の倉庫、無意識にそれがマイナスの言葉として貯まってしまうと思います。ちゃんと顔を見て、当たり前のように氣を通わせる。これも「心身一如」です。

前野　家族にはつい甘えてしまうのか、ぼくも顔も見ずに「はいはい」なんて答えてしまっていますね。顔を見て返事をするだけでもずいぶん違ってきそうです。

藤平　はい。ちょっとしたやり取りにも氣が通っていれば、お子さんの様子の変化にも気づきやすくなると思います。「ただいま」の言い方の微妙な違いにも、すぐに「あれっ」と感じることができる。学校でのトラブルなどを未然に防ぐことにもつながります。

前野　当たり前のことが大事なんだなあ。当たり前というのは意識していない部分ですから、まさに無意識の働きですね。

藤平　はい。それを当たり前にできなくなっていることが問題なんです。それを変えるには、たまに思い出してやるのではなく、繰り返していくことが大切。積み重ねです。

前野　いまのお話は他人のことをちゃんと見ていると、氣が通って、相手が見えるということですね。自分自身についてはどうですか？

藤平　先代は心の状態を湖に例えていました。湖面が波立っているときは、湖上の月は映らない。湖面が落ち着いていれば、月も、飛び交う小鳥も、その姿のままに映し出される。自分自身の心を静めることと、相手を見ること、氣を通わせることは同じことになるんです。

前野　そうか。「氣を通わせる」という前提の前では同じになるんですね、なるほど。

吐くにまかせる氣の呼吸法

藤平　当たり前にしているもののひとつに、呼吸があります。我々は呼吸を「心の状態のあらわれ」としてとらえています。心が乱れていれば、呼吸は乱れる。心が静まっていれば、呼吸も落ち着いているはずです。

前野　そうですね。

藤平　怒っているとき、緊張しているとき、深い悲しみを感じたとき、呼吸が乱れます。激しい運動をした直後を除けば、呼吸が乱れていて良いことってほとんどないんです。ですから、逆に呼吸を日頃から静めて、深くしていくようにすれば、心が落ち着きます。氣の呼吸法では先に口で吐いて鼻から吸います。口を「あー」の形に開けて、静かに息を吐きます。このときは「吐くにまかせて」ください。吐くにまかせておくと、吐く息がだんだん少なくなっていきます。それが2分の1、さらに2分の1……と無限小に静まっていく感覚があればＯＫです。吐くにまかせて呼吸が静まっていくと同時に、心も静まっていきます。ラクに吐くことができれば、ラクに吸えます。吸うのは普段吸っているようにすれば充分です。深く静かな呼吸の効果は、医学的にも証明されています。

前野 呼吸も無意識ですからね。

藤平 はい。無意識のうちにやっていることって、本当に多いと思います。例えば、誰かと握手するときの距離もそうですね。相手との関係性によって決まってきます。どうするかなんて、イチイチ考えません。瞬時に感じ取って、無意識に判断して動いている。

前野 そうですね。どのくらいの距離がふさわしいかなんて意識しませんね。

藤平 ええ。たぶん「何センチがふさわしいか」なんて考えたら、どうしたらいいかわからなくなってしまうでしょう。これは無意識が処理している部分なんだと思います。氣を通わせると、これがもっとうまくいくようになるんです。

前野 はい。

藤平 「自然体」という言葉も勘違いされていることが多いかもしれません。誰に対しても有効な究極の万能薬のようにとらえるのは間違いです。病状やコンディション、体力を問わずに効く薬がないように、「万能の姿勢」なんて存在しません。自然体、つまり自然な身の置き方は、人によって違いますし、畳の上、砂浜といった環境でも異なる。何が自然かは、周囲との関わりによって決まるものなんです。

前野　どこでも「気をつけ」をしているなんて、たしかに不自然ですね。

藤平　氣が出ていると、その状況に合わせた自然なかたちになります。氣が通っていれば、無意識が自動的にやってくれる姿勢、これを自然体と呼んでいます。世間的に「気をつけ」は正しい姿勢とされていますが、じつは大きな間違いです。

自然な姿勢には自然な安定がある

前野　「気をつけ」って、背筋をピンと伸ばし胸を張って、手や脚もまっすぐな姿勢ですよね。

藤平　そうです。「気をつけ」のように身体を緊張させると、必ず余分な力が入りますし、そもそも苦しいので長続きしない不自然な姿勢です。不自然な姿勢は不自然な動作を生じさせ、故障や身体の不調につながります。肩こりや腰痛の原因の大部分は姿勢から生じているといわれます。

前野　では本当に正しい姿勢とは？

藤平　はい、正しい姿勢とは、もっともラクで、もっとも持続できて、もっとも安定している姿勢です。つまり、いつでも動ける姿勢です。「自然な姿勢には自然な安定がある」のです。人間というものはとても良くつくられていて、自然な使い方をすると身体がスムーズに動きます。自然な姿勢で重い荷物を持っても、首や肩への負担は少ないのですが、不自然な姿勢で重い荷物を持つと負担が大きい。

前野　自然な姿勢についてぜひ、教えてください。

藤平　では、まず足踏みを何回かしてください。そして止まったところがもっとも自然な足幅です。その位置で静かにつま先立ちをして、ふわっとかかとを下ろしてください。

前野　これだけでいいんですか？　なんとなく前傾している気がします。

藤平　ではチェックをしてみましょう。先生の胸を軽く押します。あ、いいですね。ちゃんとバランスが取れているので動きません。次に「気をつけ」をしてください。その状態で同じように押してみますよ。

前野　あ、もうグラグラです！　指一本で押されただけなのに。

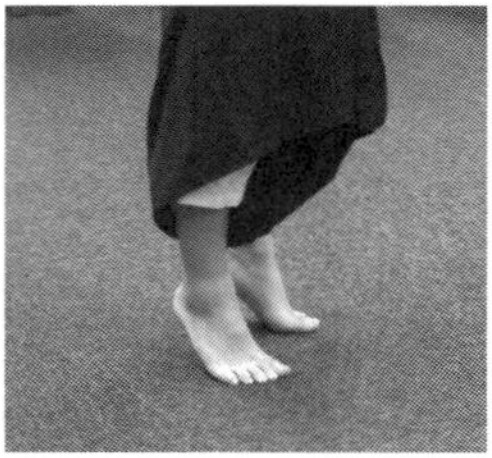

つま先立ちをすると、最初はグラグラするが、何度か繰り返すうちに自然とできるようになる。安定したらかかとを軽く下ろす。

自然な姿勢になっていれば、押されても安定した姿勢を保てる。「押されまい」とする必要はない。

藤平　現代人の多くはかかとのほうに重みを置いて立っています。正しい姿勢は、つま先まで「氣」が通っているから安定しているんです。正しい姿勢は前から押しても、両側から肩を押しつぶされてもびくともしません。

前野　昔の人は下駄や雪駄を履いていたから、つま先まで「氣」が通っていたんでしょうか。

藤平　その通りです。日本文化は下駄・雪駄・草履文化でした。ということは足先まで氣が通ってないと脱げてしまいますから、もともと日本人は足先まで氣が通っていたんです。ところで履物を揃える文化って、日本以外にあまりないのはご存知ですか？

前野　いいえ。初耳です。

藤平　外国の方はほとんど靴なのでそもそも脱ぎませんし、脱いでも揃えません。最近日本人もあまり揃えないようですが（笑）。履物を揃えるというのは、履物を自分の足の延長線として見て、脱いだあとまでちゃんと氣を向けましょう、という心構えから来ているのだそうです。

屈強な男性が二人がかりで思い切り押しつぶそうとしてもつぶれない。そのまま足を上げたり、歩いたりもできる。

姿勢のフィジカル面とメンタル面

藤平　ここまではフィジカルな面での姿勢のお話でしたが、姿勢にはメンタルな面もあります。また姿勢のチェックをしてみましょう。姿勢がもし反っていたら、つま先立ちの状態で直して、そっとかかとを下ろしてください。これが戻るべき場所、戻るべき感覚です。

前野　はい。

藤平　心が静まっているとき、落ち着いているとき、わたしたちの意識は下腹のほうにあります。それに対して意識が頭のほうに来てしまう瞬間があるんです。例えば日本語では怒ることを「頭に来る」といいますよね。あれは何が頭に来るんでしょう？

前野　意識、でしょうか。

藤平　その通りです。日本語では緊張することを「アガる」といいますよね。あれも意識がアガるんです。そして「アガる」に対して「静まる」があり、その静まるべき場所が下腹です。下腹全体のことをよく「臍下丹田《せいかたんでん》」といいますが、丹田とは下腹全体のことを指し、面積が結構広いです。今日は丹田ではなく、下腹の中でも力の入らない一点についてお伝えします。では先生、おへその下を指で触れてみてください。

前野　このへんでしょうか。

藤平　もっと下です。おなかにぐっと力を入れたときに力が入らない場所。その力の入らない場所、無限小の一点を「臍下の一点」と呼びます。本来、意識はそこまで下がっているのが自然な状態なんです。では実験をしましょう。胸を張ってみてください。このとき意識はどこにありますか?

前野　胸のあたりまで上がっている感じです。

藤平　そこから余分な力を抜いてラクにすると、下がる感じになりますよね。意識が静まった状態と上がった状態の区別はひとまずつきましたでしょうか?

前野　はい。

藤平　今度は足を上げてみてください。自然な姿勢であれば、足を上げても下ろしても影響はありません。ところが、足を上げるときに意識まで上げてしまうと姿勢は崩れてしまいます。

例えば、サッカーにおける課題のひとつにゴール前での弱さがあります。相手のプレッシャーを受けながら素早くプレーしなければいけないときに、意識が上がってしまうのです。すると姿勢は崩れ、ボールのコントロールができなくなってしまいます。臍下の一点に

調子の良い野球選手は、ピッチャーもバッターも臍下の一点に心が静まっている。

静まった状態で、臍下の一点から身体を動かしはじめることが望ましいのですが、これは、じつは無意識の領域の話なんです。

前野　無意識ですか。

藤平　普段の状態ならともかく、プロスポーツの世界ではいちいち意識してやっていては通用しません。だから無意識でできるように訓練する。24時間、三百六十五日いつでもできるようにするためには訓練が必要です。王貞治さんは現役時代、先代の藤平光一から臍下の一点を学びました。それを一本足打法に活かし、臍下の一点に心を静め足を上げる練習を10万回、１００万回とひたすら続けたそうです。最終的には子ども三人をぶらさげても、一本足で立って微動だにしなかったそうです。

「集中」はまわりが見えている状態

前野　他にも、我々が勘違いしていることってありませんか？

藤平　「集中」と「執着」でしょうか。「○○に集中してください」というと、そこだけを凝視して、まわりが見えなくなる人がよくいます。これは集中ではなく、我々が「執着」と呼んでいる状態です。武道で執着をすると間違いなく相手にやられます。

前野　たしかに。

藤平　氣が通った状態で、本当に集中していると、まわりの状況も感じられます。目だけではなく全身で対応しています。でも、たいがいは執着してしまう。このとき、氣は通っておらず、別の言い方をすれば、「氣が滞った状態」になっています。

前野　意識というのは特定の部分にだけ注目しがちじゃないですか。それは氣が滞ることにつながるんですね。

藤平　調子の良い野球選手にいわせると「球に集中している」ときは、球以外もよく見えている状態になっているそうです。そうでなければ、サインも見落としますよね（笑）。

前野　ええ。

藤平　よくビジネスマナー講座などで、「相手の目を見て話しなさい」とか「ネクタイの結び目あたりを見なさい」などと教えられますが、それは集中ではなく、執着です。実際は相手の鼻のあたりを見ると、相手の表情も周囲の状況もよくわかり、多くの情報量を得られます。相手の目を見て話すと、プレッシャーを与えるような見方になり、相手が話しづらいだけでなく、いろんなチャンスを見逃してしまいます。

前野　なるほど。

藤平　意識していると、一部分に執着してしまって、周囲とつながらないんです。もっと強く意識してつなげようとしてもつながらない。無意識がつながることで、氣が通うんです。

前野　普通は、意識の部分でつながろうとしますね。「こんにちは」って声をかけて、言語を交わして、幅広くコミュニケーションをとる。現代社会ではこれが重要だとされています。

藤平　そういった心がけも大切に違いありませんが、それだけはないと思います。例えば本気で相手を叩こうとするとき、こちらの手が動く前に相手はすでに動いています。それは身体が動く前に、「氣」が動いていることを相手が察知しているからです。相手の身体にフォーカスすると、必ず相手より出遅れます。それを目には見えない「氣」の動きにフォーカスしていれば、ほぼ相手と同時に動けるのです。氣を通わせること、無意識の部分でつながることも重要です。

前野　物事を決めるときはどうですか？　無意識にまかせてらっしゃいますか？

藤平　さすがにそんなデンジャラスなことはできません（笑）。正しい情報か、良いお話かどうかはやはり論理的に判断しています。ただ、そのうえで最後に、氣が通るかどうかを確認します。

前野　ああ、何となくわかりますね。理屈は通っているんだけど、心がざわめくようなときってありますね。言葉にならない違和感のような。それを大事にするということでしょうか。

藤平　そうですね。ただ、それだけを行動の指針にするのは危険だと思います（笑）。

前野　バランスなんですね。意識だったり、ロジックによるコミュニケーションもとりつつ、無意識にも耳を澄ます。

藤平　はい。氣は最終チェックですね。

氣を出すロボット

前野　今日も感じているのですが、その道の達人にお会いすると確信の力が強いなとつくづく感じます。本当にポジティブで、愛のかたまりのようです。

藤平　とんでもないです（笑）。

前野　どうして東工大で学びながら、合氣道の道に進まれたんですか？

藤平　跡を継げるだけの稽古はずっと続けていたのですが、実力社会ですから、本当にこの道に入るかどうかは正直、迷いました。しかし学生時代に、先代の講習会に参加したときのことです。外国の方々約二〇〇名が参加するもので、その中に旦那さんを交通事故で亡くされたばかりという女性がいらっしゃいました。まだその傷が癒えておられない状態で、周囲の方が気晴らしにと誘ったそうです。ところが五日間の講習でその方が元気になっていったんです。氣がどんどん出てくるのが実感できました。「こういう人を助けることのできる武道なのか！」と思ったのが、決め手になりました。

前野　そういうことがあったんですね。

藤平　武道をやる者として、理屈から入る習慣は習得の妨げになることもありましたが、科学の基礎を学んでいたことは、今になって役立っていると感じます。

前野　わたしもロボティクス（ロボット工学）の研究から、ぐるっとまわって無意識や幸せについて論じていますが、まったく後悔してません（笑）。今日うかがった話をロボティクスに応用しても、おもしろそうだと思いますね。例えば、氣を通わせるというコミュニケーションから考えると、まったく新しいロボットが生まれるかもしれません。

藤平　その方面はまったくの素人ですが、表情などのかたちを分析して感情を読み取るといったアプローチでは、氣を通わせるのは難しいんじゃないでしょうか。

前野　部分の分析から入るのは違うんじゃないかとは感じますね。まったく意味がないとは思わないんですが、細部よりも、全体のバランスを解析するようなアプローチができるはずだと思っています。でも、つい「腕の専門家」なんて各要素に分かれて研究してしまうんですよね。

藤平　先生がお書きになられているように「わたしとは何か」が重要だと思うんです。意識できているものが「わたし」だとすると、すごく狭い。意識されていない部分も含めて

「わたし」なのだということがいちばん重要だと思います。我々はここに「氣が通っている」というベースを置いているんです。

無意識が拓くこれからの社会

前野　今日は、氣の応用範囲がものすごく広いことがよくわかりました。

藤平　野球のほかにサッカーやラグビーの指導もさせてもらっていますし、スポーツ以外にも経営者、ビジネスマンの方々にもセミナーなどを通じて、氣を活用していただいています。経験豊富な方々が多く、体感する氣についてもそれぞれの理解や活用法があって、わたしのほうがむしろ教わっている感じですが（笑）。

前野　たしかに応用についてはそれぞれのジャンルの専門家と一緒に考えたほうが広がりますね。

藤平　前野先生のお話がまさにそうです。すごく勉強になります。

前野　慶應義塾大学では「半学半教」といいます。教える者と学ぶ者を区別しないで、相互に教え合い、学び合うという意味です。

藤平　なるほど、氣を通わせることにもつながりますね。自己中心になると、氣が滞ってしまうので、何をやったとしてもうまくいかないんです。氣が通っている状態を、いかに当たり前の状態にするかを追求していきたいと思っています。

前野　やっぱり幸福感と深い関係がありそうです。

藤平　不幸せなときには、間違いなく氣が滞っていますから。

前野　最近、人間には本来ものすごい能力が備わっているのに、それを意識の働きで、小さく狭めているのではないかという気がしているんです。まだ仮説ですが、意識によって制限されている部分を解放すると、人間は無限といっていいほど、伸びる可能性があるのではないか。合氣道にもそのためのノウハウがあるのではないか。

藤平　はい。

前野　意識がこんな邪魔をするのは、もしかしたら、女王アリと働きアリが分かれているように、持てる能力を制限することで、社会での役割分担をしているのではないかと思うんです。全員が女王になったら困るから、あえて自分を小さくするように、人はできているんじゃないかと。

藤平　なるほど。

前野　これまでの人間社会では、それが必要だったのかもしれません。でも、これからの社会は、全員がすごい人になって、世界をまわしたほうがいいんじゃないかと思うんです。みんながもっとポテンシャルを発揮するようにすれば、99％くらいの眠っていた能力が開かれるんじゃないかと思うのですが、いかがですか？

藤平 壮大なお話ですね（笑）。でも、わたしたちが今、意識できているものがすべてではないという感覚は、もっと広く共有されていいと思います。

前野 心身統一合氣道はまさにそのための方法ですね。

藤平 ありがとうございます。間違いなく、そのひとつだと考えています。

藤平信一さんとの対談を終えて

合氣道の達人というと怖そうなイメージなのに、初めてお会いした藤平さんにまったくそんな印象はなく、対話中はずっと包み込まれるようなおおらかさ、温かさを感じていました。亡くなられた先代のお父さまもきっとそうだったのでしょうね。

以前からずっと興味を抱いていた心身統一合氣道ですが、想像以上に難しい、奥の深い世界だなと思わずにはいられませんでした。藤平さんや道場の方々はカンタンそうにやられているのに、動作をいくらマネてもまったく同じようにはできないのです。相手と一対一の関係になるのではなく「助ける」「介助する」ように動けばいい、それが「氣を通わせる」ということだとおっしゃっていたのも驚きでした。武道という戦うための道を極めると、「戦う」ということの意味がまるで違うものになってしまうようです。

印象的だった言葉のひとつが「無意識に入れる」という表現です。これは繰り返し稽古したり、学習を積み重ねることで、いつしか無意識のうちにできるようになる、当たり前のようにできるようになるという意味だと、わたしは理解しました。

たしかに、何事も最初は意識しないとできません。それどころか、実際に体験させてもらった合氣道の技の多くは、わたしがいくら意識して同じことをやってみようとしても、まるでうまくいかないことばかりでした。でも、繰り返し繰り返し、型を意識しながら指導を受けているうちに、ふと「ああ、もしかしたらこういうことなのかもしれない」とわかってきたのです。

こういうとき、わたしたちはその感覚を言葉で説明して、理解しようとしますが、それはまだ意識してやっている段階に過ぎないのでしょう。そういうとき、藤平さんは否定も肯定もせず「そうかもしれませんね」とだけ答えています。これは意識のうえで習得するのではなく、無意識に入れるための知恵なのだと感じました。原理は説明できないけど、実際にできることが大切なのです。そういう形で伝承されてきたものなのだと感じました。

合氣道に限らず、各種格闘技、スポーツなどでもトップ選手はプレッシャーなどがかかって、つい頭で考えてしまう（意識する）とパフォーマンスが落ちるといいます。無意識に入ったあとは、意識はむしろ邪魔になることが多いのでしょう。

同時に、身体の大切さも痛感しました。

日々、心や脳のことを考えていると、ついつい頭でっかちになってしまいます。でも、自分なりに「臍下の一点」を意識したり、立ち方や姿勢をちょっと変えるだけで、例えば電車内でつり革に摑まらなくても倒れないことがわかります。この対話以降、わたしも思い出すたびに実践するようになり、無意識のうちにじつにいろんなことができるものなのだなと驚いています。

「氣」については、やはり藤平さんも物理現象として認識できるようなものではないとおっしゃっていました。対話の中でわたしは「うま味」を例に出してしまいましたが、これはグルタミン酸のように取り出せるものなので、例えとしてあまりふさわしくなかったかもしれません。物理的な「ある」「ない」はどちらでもよくて、そうした存在があると仮に定義することで、心身ともに良い状態をつくれる、生きやすくなる。氣とはそういうものなのだと、わたしは思いました。「ある」「ない」という意識の働きはおいておいて、ひとまず受け入れることが大事なのでしょう。

そう考えると「意識」も同じだといえそうです。受動意識仮説では意識や自由意志を幻想だと考えますが、多くの人々は「当然存在するものだ」と考えています。しかし、これも本来、物理的に認識することはできないものです。ただ、それがあると仮定しておくと、いろいろ便利だったからそうしてきたに過ぎないのです。

「意識」という言葉はそもそも和語（日本固有の言葉）ではありません。中国から来た外来語で、明治時代に海外からやってきた心理学・哲学用語の「コンシャスネス（consciousness）」に対応しています。わたしたち日本人にとっては、もともと存在しなかった概念で、むしろそれまでは「氣」のほうがしっくりするものだったのかもしれません。

「元気」、「病気」という言葉があったり、心のバランスが崩れることを「頭に来る」、心が高揚することを「気持ちがアガる」などと意識が上に来るような表現であらわすのも、こうした感覚の名残りだといえそうです。

ほかにもそういうものはたくさんあります。抽象的な概念である「心」、「幸せ」、「誠実さ」といったものも同じだと思います。こうした概念を仮に定義することで、普段意識しすぎているところから注意を逸《そ》らし、無意識に入れ、その働きを整える。心身統一合氣道には、そういう、人類が古くから育ててきた知恵があるのだと感じました。

無意識を整える習慣

- 無意識に入るまで「型」を繰り返し稽古する
- プラスの言葉を使い、プラスの記録をつける
- 不安を感じたら、フッと息を吹いて
  マイナスの観念を吹き飛ばす
- 心と体をひとつに用いる「心身一如」を心がける
- 自然で安定した姿勢を理解し、実践する
- 臍下の一点に心を静め、深くて静かな呼吸をおこなう
- 「集中」はするが「執着」はしない

無意識対談②×松本紹圭

光明寺僧侶

松本紹圭　まつもとしょうけい

一般社団法人お寺の未来理事。
浄土真宗本願寺派光明寺僧侶。蓮花寺佛教研究所研究員。
武蔵野大学客員准教授
米日財団リーダーシップ・プログラムフェロー。
1979 年北海道生まれ。東京大学文学部哲学科卒業。
超宗派仏教徒のウェブサイト『彼岸寺』（higan.net）を設立し、
お寺の音楽会『誰そ彼』、お寺カフェ『神谷町オープンテラス』
などを運営。2010 年、ロータリー財団国際親善奨学生として
インドに留学、Indian School of Business で MBA 取得。
2012 年、若手住職にお寺の経営を指南する「未来の住職塾」開講。
2013 年、世界経済フォーラム（ダボス会議）の Young Global Leader に選出。
おもな著書に『おぼうさん、はじめました。』
『「こころの静寂」を手に入れる 37 の方法』
『お寺の教科書 – 未来の住職塾が開く、これからの
お寺の 100 年 – 』（共著）など。

ハンディな仏教「念仏」

前野　少々乱暴なイメージなのかもしれませんが、「無意識」を尊重する生き方というものに、僧侶の暮らしは近いのではないかと思っているんです。

松本　いえ、ごく普通ですよ。

前野　本当ですか？

松本　はい。僧侶と名乗るのがはばかられるくらい、普通です（笑）。前野先生は座禅をなさるそうですね。

前野　ぼくは仏陀《ぶっだ》が創始した原始仏教に興味があって、大乗仏教でも禅宗の座禅、瞑想にも無意識との共通点があると感じています。心を無にする技術というのは、無意識の重要性を説くものじゃないかと。でも、念仏にはなんとなく距離を感じるんです。

松本　念仏は誰にでも開かれた、いつでもどこでも実践できる、ハンディな仏教のあり方だと思います。

前野　基本的な質問で申し訳ありませんが、浄土宗、浄土真宗で唱える「南無阿弥陀仏《ナムアミダブツ》」の意味をお聞きしてもいいですか？

松本　南無阿弥陀仏を文字通り読めば、ナムとアミダブツに分かれます。ナムはインドの「ナマステ」という挨拶にも通じますが、その相手に敬意を表する意味です。

前野　「南に無い」という漢字に意味はないんですか？

松本　意味はありません。これはサンスクリット語から音訳した当て字の漢字です。ですから、文字通りに解釈すれば「阿弥陀仏様に帰依します」という意味になります。で、阿弥陀仏はアミターバ（無量光＝限りない光）とアミターユス（無量寿＝限りないいのち）という二つの言葉から来ています。

前野　そんな意味があるんですか。知りませんでした。

松本　はい。ただ、おもしろいのは、そういう意味は持っているんですが「ナムアミダブツ」ましてや訛って「ナンマンダブ」なんて称《とな》えると呪文みたいですよね。

前野　ええ。日本語ではないですもんね。

松本　意味性を感じられないことばを、人生の傍らに置いておくのが大切じゃないかと思うんです。ことばを開いていけば、その背景に物語がある。意味をひも解けば、理解もできる。でも音としては無意味にも聞こえる。その無意味さが重要なんです。

前野　無意味さ、いいですね。

松本　禅宗のお坊さんに「念仏が羨ましい」といわれたことがあります。例えば飛行機が墜落するようなとき、覚悟を決めなくちゃいけないというときに、座禅するのは難しいですよね。そういう極限状況でも、念仏ならポータブルに持っていけるというのです。たしかにそうですよね。人生において、極限の極限は臨終でしょう。専門的なことはわかりませんが、人間の感覚器官のうち、亡くなる直前まで残るのは聴覚だと聞いたことがあります。もしそうだとすると、南無阿弥陀仏を聞くという念仏は、臨終の際まで持っていくことができるのです。そのときに、意味を考えながら称えるというわけでもないでしょう。

「わたし」とは幻想である

前野　なるほど。もう一度、基礎から勉強させてください。原始仏教と、かつては小乗仏教と呼ばれた現在の上座部仏教、大乗仏教の関係を確認させていただけますか。

松本　大まかにいえば、現在タイ、ミャンマー、スリランカに見られる黄色い袈裟を着ているお坊さんが上座部仏教（南方系仏教）と呼ばれ、原始仏教系の流れを汲んでいます。それに対して、中国、韓国、日本は大乗仏教（北方系仏教）です。チベット仏教は大乗仏教の流れを汲んでいます。仏教は、釈尊（ゴータマ仏陀のこと）が在世だったときは、もちろんひとつでした。その後、世代を経ていく過程で教えや組織が固まっていき、上座部仏教の流れへと定着します。一方、そのカウンター的な改革運動として生まれたのが、大乗仏教です。簡単にいうと「仏教は修行するお坊さんだけのものじゃないんだ。誰にでも実践の道が開かれたものなんだ」という運動です。

前野　じゃあ、今でも上座部仏教は、出家して修行しないと悟れない？

松本　そうですね。在家の仏教徒もいますが、お坊さんになって出家しないと修行のステップは踏めません。でも、彼らも仏陀になるとはいわないんですよ。仏陀は釈尊（ゴータマ仏陀）だけであって、仏弟子の最高峰は「阿羅漢《あらかん》」と表現されます。

前野　松本さんはそこまでではないんですね。

松本　もちろん、阿羅漢ではありません。というか、大乗仏教に身を置いていますから、阿羅漢になるという発想がないのです。上座部仏教では阿羅漢を究極として、そこへ至るまでのいくつかのステップが設定されています。エントリーレベルの「預流果《よるか》」と呼ばれる状態においては、「わたし」という存在が幻想に過ぎないということが看破されます。その感覚は、わたしも共有するところがあります。

前野　「わたし」は幻想ですか。

松本　人間はみな「わたしはどこから来て、死んだらどこへ行くのだろう」という素朴な問いを抱えています。この問いへの答えは、世界中の宗教や神話などにたくさん用意されています。何をどう信じたいか、どうあって欲しいか、それぞれが願いを込めて選び取ったりしているわけです。

前野　そうですね。

松本　でも「どこから来てどこへ行くのか」という問いには、「わたし」という存在の核（コア）が変わらないものとして想定されています。「来る」「行く」ということをする「わたし」の存在が前提になっている。だから、そういう問いが出てくる。でも、そうじゃないんだと。

前野　いない、と。

松本　「いない」といってしまったほうがわかりやすい向きもありますが、仏教は「いない」「無」といい切ることには慎重です。あるともないともいわない。

前野　「無我」という言葉がありますよね？

松本　たしかに無我とはいいますが、「縁起」「空」とセットで考えることが大切です。

前野　なるほど。空。

松本　わたしは空としてある。そのものに実体があるわけではないけれど、あらゆるものとのつながりの中にあるわけです。わたしがわたしというコアを持って独立したものとしてあるという考えは、幻想なのだということになります。これを腹で理解するんです。

「わかっていること」と「できること」の違い

松本　でも、それを理屈で理解しても、生き方がすっかり転換するかというと、そうではありません。相変わらず「オレが」という気持ちが出てしまう。エゴは簡単には死にません。それまでの思考のクセが残っているから「アレを食べたい」「コレが欲しい」と思ってしまう。「わたし」がいないのなら「欲しい」なんて思わないはずなのに。わかっちゃいるけどやめられない。

前野　本当にはわかっていないから、そうなるんですか？

松本　うーん。わかってはいるんだと思います。けど、やめられない。からくりは見破ったんだけど、まだからくり自体は動き続けているわけですね。

前野　知と行動が一致しないいんですか。

松本　それまでの行動の慣性（イナーシャ）が付いていてしまっているという感じでしょうか。

前野　ああ、イナーシャ。慣性の法則ですね。質量の塊にエネルギーが与えられると、運動はずっと続く。機械工学出身なので、その表現はしっくりきます。

松本　上座部仏教は、このイナーシャそのものを断とうとします。わかっちゃいるけどやめられないものをやめられるように、煩悩を根本からなくすところを目指すんです。そのプロセスの先にあるのが、阿羅漢ということでしょう。

前野　イナーシャを止めるには、質量をゼロにしなくちゃいけない。たしかに、それはものすごく難しいですね。

松本　ゼロにすることなど、できそうにもありませんね。

煩悩も幻想ではないのか?

前野　では大乗仏教は?

松本　大乗は「やめられなくてもいいじゃないか」という立場です。

前野　おお!（笑）。イナーシャあってもいいじゃないか、というわけですか。

松本　はい。華厳経というお経に「インドラの網（因陀羅網《いんだらもう》）」という例えが出てきます。インドラ網と呼ばれる網の結び目には、それぞれ宝石が結びつけられている。その輝きはまわりすべての宝石の光を反射しています。わたしたち個々の存在は、網の結び目のようなものだというんです。「結び目」というのは、結び目としての実体があるわけではなく、ひもとひもの結節点が、仮にそう呼ばれているわけです。ひもを縁《えん》と見るならば、一人ひとりの存在は、個々が独立した実体としてあるわけではなく、縁と縁の結び目に仮に成り立っているのです。しかも結び目にある宝石の輝きは、他の宝石すべての輝きを反映している。これは、釈尊の悟りで説かれた「縁起《えんぎ》[1]」を教えるものです。

前野　すべてはご縁で成り立っているという考え方ですね。

松本　ええ。インドラ網は「仮に成り立っているわたし」を例えたものです。大乗の理論の成立には、龍樹《りゅうじゅ》[2]という人が大きな貢献をしているんですが、彼は高度な議論を展開し、この縁起を徹底的に突き詰めたんです。徹底していくと、すべては仮の成り立ちとして見ることができます。「わたしの存在」が仮ならば、「わたしの煩悩」も成り立たないじゃないかというわけです。

前野　たしかにそうなりますね。

松本　龍樹はこれを「無自性《むじしょう》」と表現しました。難しいのですが「それそのものとして独立して成り立つものは何もない」という意味です。すべては縁によって、起こっては流れ、起こっては流れている。縁起のダイナミズムによって、仮に構成されているに過ぎない。だから、実体的なものはどこにもない。

前野　なるほど。煩悩も縁によって仮に成り立っているに過ぎない。

松本　そうなんです。仏教では煩悩を「滅する」といいますが、滅する煩悩自体にも自性はないんですから、煩悩を滅することは成り立たない。ですから、やめられないのも「仮に」起こってるだけだ

1―縁起　仏教の根幹をなす発想のひとつで、「原因に縁って結果が起きる」という因果論を指す。釈迦は、『自説経』の中で、「此があれば彼があり、此がなければ彼がない、此が生ずれば彼が生じ、此が滅すれば彼が滅す」という、此＝「煩悩」と彼＝「苦」の因果関係としての「此縁性縁起」（しえんしょうえんぎ）を説いた。また、「わたしの悟った縁起の法は、甚深微妙にして一般の人々の知り難く悟り難いものである」とも述べている。

2―龍樹　2世紀に生まれたインド仏教の僧。「龍樹」とは、サンスクリット語の「ナーガールジュナ」の漢訳名。当時、勃興していた大乗仏教運動を体系化したともいわれ、大乗の基盤となる『般若経』で強調された「空」を、無自性に基礎を置いた「空」であると論じて釈迦の縁起を説明し、のちの大乗系仏教全般に決定的影響を与えた「大乗八宗の祖」。

から、それでいいじゃない、となるんです（笑）。

手放す技術としての仏教

前野　なるほど（笑）。でも、そうすると、何もしなくていいんじゃないですか？　念仏もいらなくなっちゃいませんか？

松本　はい。称えたければ称えればいいし、必要なければ称えなければいい。「レット・イット・ゴー」です。

前野　え！　念仏はいらないんですか？

松本　念仏に限らず、しなくちゃいけないことなど何ひとつありませんよね。「〇〇しなければ大変なことになる」とか「〇〇したら救われる」とか、仮定で語られることはすべてファンタジーです。

前野　座禅や瞑想もですか？

松本　そうなりますね。前野先生が座禅を始めようとなさったのも、何かの縁によってなさったわけですよね。

前野　たしかにそうですね。

松本　受動意識仮説で説明するなら、自分の意志で「座禅をしよう」と決めた気がしているけれども、実際にはそうではないということになりませんか？　わたしは仏教の「縁によって仮に成り立っている」という教えと同じように感じます。

前野　そうですね。脳科学的にもそうとしかいえません。

松本　わたしたちは日常、わかったような顔をして、この世界を自分の意思で生きていると思っていますが、本当は、life が life を生きているとでも表現するしかないような、不可思議な世界にいるわけです。ただ、このことに気づけたのは、すごく大きいと思うんです。怒りの感情が湧いてくるのを止められない。だけど、すべては縁で起こっているのだと気づいていれば、そこにイチイチ囚われずに済む。

前野　怒りに乗っ取られないんですね。「何だか怒りが湧いてきたようだねえ」と客観的になれる（笑）。

松本　そうなんです。すぐ手放せるようになるんです。だって、わたしの怒りじゃないんですから。とはいえ、感情に乗っ取られて、つい大声を張り上げてしまうこともあるけれど、「また、やっちゃったねえ」と（笑）。

前野　ごめんごめんと手放せばいい。

松本　「手放す技術」と呼んでもいいかもしれませんね。

死後の世界に意味を与える

前野　おもしろい。でも、それは宗教なんですかね。

松本　現代思想家のケン・ウィルバー[3]は、宗教には二つの方向の機能があると説明しています。水平方向の機能はトランスレーション（翻訳、物語化）で、垂直方向はトランスフォーメーション（変容）。歴史的に長く受け継がれてきた宗教には、この二方向の機能が備わっているというんです。

前野　はい。

松本　99・9％の人々が求めるのは水平方向の機能です。例えば、近しい人が亡くなると悲しい。どこに行ったんだろう。どこに向かって手を合わせればいいんだろう。何かしてあげられることはないだろうか。浄土教はそこに「浄土」という物語を提示して、サポートする。

　大半の人にとって、人生が思い通りにうまくいっているときに、宗教は必要ありません。「わたしの人生」という物語に、自分自身で意味を見いだしているからです。でも、人生はずっと思い通りに

3―ケン・ウィルバー（1949年～）アメリカの現代思想家。インテグラル思想の提唱者。その著作は20以上にも及び、世界中の言語に翻訳されている。代表作に『進化の構造』、『宗教と科学の統合』などがある。

行くわけではありません。思いもかけないような危機、望まない悲しい出来事が、誰にも必ず起こります。これは「わたしの人生」という物語が綻《ほころ》びかけている状態です。こういうときに、この綻びを修復するような大きな物語を提供する。これが水平方向の機能、トランスレーションです。

前野　どうしてトランスレーション（翻訳）なんですか？

松本　悩んだり、不安を感じるのは、自分自身の物語の意味を見失っている状態ですよね。世界中に語り継がれている宗教説話や神話には、人類が時代や文化を超えて求める物語の普遍的な原型があるといわれています。ですから、個人の綻んだ物語をより大きな物語との翻訳作業を通じて、その意味を回復させていくのです。解釈し直すといってもいいかもしれません。

前野　ああ、なるほど。意味を与えるんですね。では、垂直方向は？

松本　これは、物語はもういらないという人たちに応えるための機能です。もういい加減、フィクションを生きるのはまっぴらごめんだ！　という人は少数派ながらも存在します。物語を夢に置き換えて表現するなら、ずっと夢を見続けて生きてきた人、これが本当の夢かな？　いや違う、こっちが本当かな？　というふうに、夢から夢へと水平方向にさまよってきた人が、ふっと気づいて「もう、夢そのものから醒めたい」と考え、垂直方向にベクトルが転換することがあるわけです。個人の物語からも、もっと大きな物語からも自由になって、自己変革を求める。物語的な意味を求めてしまうのが人間の宿命だとしたら、これは人間をやめようということでもあります（笑）。

前野　仏教にはたしかにそういう側面がありますね。座禅、瞑想のメソッドにはとくにそういう役割を感じます。

松本　そう思います。他の宗教は詳しくないですが、ケン・ウィルバーはキリスト教などさまざまな宗教にも、そうした機能があるといっていますね。

物語から自由になる

前野　いま少数派だとおっしゃいましたが、宗教に垂直方向のトランスフォーメーションを求める人も結構いるんじゃないですか？

松本　どうでしょう。実際に「どうしても悟りたい」というニーズはやはり少ないんじゃないでしょうか。京都・法然院の住職さんと話したときには、日本の仏教は先祖教と仏教の両方を担っているんじゃないかという話になりました。先祖教というのは、伝統的な死者供養です。寺は、亡くなられた方々の生前から死後の物語を語ったり、儀礼をおこなう装置になっている。先ほどの説明でいえば、トランスレーションの機能が重視されていると思います。「堕落した」なんて否定的なニュアンスでいわれることもありますが、大衆の中で広がって自然にそうなった、日本の仏教のかたちなのだと思います。

前野　そうなんですか。潜在的には垂直方向のニーズもありそうに思えるんですけども。

松本　たしかに自分の内面をもっと掘り下げていきたい、深化させたいという探求者もいらっしゃいます。それに応える仏教の実践者としては、最近の日本では、藤田一照[4]さんはそうですね。いわゆる仏事は一切やらない、先祖教の部分のない仏教者です。他には、小池龍之介[5]さん、山下良道[6]さんでしょうか。スマナサーラ[7]長老は上座部仏教なのでもちろん先祖教はないですが、そういった方々もおられます。ただ日本のお坊さんではかなり珍しい存在だと思います。

念仏は誰が称えているのか

前野　なるほど。では、念仏もトランスフォーメーション（変容）ではなく、トランスレーション（翻訳、物語）のためにあるんですか。

松本　そうでもないんですよ。そこがおもしろい

4—**藤田一照**（ふじた いっしょう／1954年～）曹洞宗国際センター所長。33歳で渡米し、17年半にわたってマサチューセッツ州ヴァレー禅堂で坐禅を指導する。現在は神奈川県葉山の「茅山荘」を中心に坐禅の参究、指導にあたっている。著作に『現代坐禅講義—只管打坐への道』、共著に『アップデートする仏教』などがある。

5—**小池龍之介**（こいけ りゅうのすけ／1978年～）月読寺住職、浄土真宗系単立寺院沙光山正現寺住職。原始仏典に基づいたヴィパッサナー瞑想、サマタ瞑想の指導をおこなう。『偽善入門』、『煩悩フリーの働き方。』ほか著書多数。

ところです。「南無阿弥陀仏」と称えるんですけど、称えながら同時に「聞く」んです。

前野　自分の声を。

松本　そうなんですけど、そうとは受け止めないんです。浄土真宗の伝統では、念仏は「弥陀の呼び声」を聞くと表現されます。念仏を称えるという行為において、その念仏を誰が称えているのかは宙吊りにされるんですね。英語ではコーリング（calling）といいます。

前野　呼びかけられているんですね。

松本　はい。では、誰が、誰に、何を呼びかけているのか。何を伝えているのか。「わたし」という存在が称えているわけではなく、それを聞いている「わたし」も、そう考えている「わたし」もいるわけでもなく、と考えているうちに、二元的な思考がどんどん解体していくんです。つまり、念仏はデュアリティ（Duality＝二元的な思考）から離れ、ノンデュアリティ（Non-duality）のビジョンに親しむ行為でもあります。一切は空であること、すなわち空性を腹落ちして知る技術。

6―**山下良道**（やましたりょうどう／1956年～）鎌倉一法庵（One Dharma Forum, ワンダルマの会）住職。海外のネットワークをベースに、宗派を超え、鎌倉を拠点として英語・日本語で坐禅指導をおこなっている。著作に『ティク・ナット・ハンのマインドフルネスと仏教3.0』などがある。

7―**スマナサーラ長老**　アルボムッレ・スマナサーラ（1945年～）スリランカ上座部仏教（テーラワーダ仏教）長老であり、スリランカ上座部仏教シャム派の日本大サンガ主任長老、日本テーラワーダ仏教協会長老、スリランカ・キリタラマヤ精舎住職などを務める。日本在住。『怒らないこと』など著書多数。

前野　何がコーリングされているんですか？

松本　わたしの受け止め方ですが、真理（Oneness）そのものが迫ってくるというより、その否定形（Non-duality）を聞き続けるような感じです。自己否定ではありません。何かをつかもうとしてしまうのをやめられないわたしに「そうじゃないんじゃないの？」と常に呼びかけてくれる。念仏はそういうコーチであり、パートナーなんです。こうしたものを傍らにおいて暮らす。それが念仏者ということになりますね。

前野　座禅もそうですか？

松本　禅宗も、座禅を組むことが禅ではなく、生きることそのものが禅だと説きますよね。

前野　そうですね。そうか、似てますね。

念仏のパワフルな二重性

松本　念仏も禅も、日常そのままの暮らしを仏道に変える方法です。宗教の垂直的な機能でもあります。

前野　水平方向の機能はどうですか？　松本さんは、南無阿弥陀仏という短い言葉に物語があるということを勉強しているからコーリングに意味を見いだせますよね。ぼくみたいに勉強不足だと、南のほうの阿弥陀仏さんかと思ったりしちゃいます。コーリングはただ漫然と聞いていればいいんでしょうか。

松本　たしかに南無阿弥陀仏の六文字には、先ほどお話ししたように、浄土や阿弥陀仏の物語が織り込まれています。でも、その中身を知っていても知らなくても、どっちでもいいんですよ（笑）。縁にしたがって、称えるなら称えればいい。

前野　いいんだ（笑）。

松本　最近、念仏のパワフルさをすごく感じるようになったんです。浄土真宗の僧侶だからっていうわけじゃないんですよ。わたしはこうして袈裟なんか着ていますけど、相変わらず、悩んで、迷って、失敗してばかりの人生です。いざ肉親や親しい人の死に直面したら、すべては幻想の物語に過ぎないだなんて、とても割り切れません。「何かできることはないか」と思うし、「浄土にいるんだろうか」などとイメージしてしまう。念仏は、そのような思いとともに称えることもできる。つまり水平的な機能としても、念仏は豊かなものを備えているんです。

前野　なるほど。念仏にも、二つの機能があるんですね。

松本　はい。垂直にも、水平にも答えてくれる、パワフルな二重性を持っているんです。わたしも身近な人の死を通して、そのことを再発見しました。

ジョブズのコーリング

松本　生前のスティーブ・ジョブズは毎朝、鏡を見て「今日が人生最後だとしたら、今日やることは本当にやりたいことだろうか」と自問自答していたという話がありますね。

前野　有名なエピソードですね。

松本　もちろん、毎日やりたいことだけをできたわけではないでしょう。NOと答えなくてはいけない日も当然あったでしょう。でも何日もNOが続いたらおかしいぞと考えていた。これは日常の中に、コーリングの儀式を取り入れていたんだと思うんです。

前野　なるほど！　たしかにコーリングですね。

松本　「ホントにそれでいいの？」って念仏と同じように称えていたんだと思うんです。

前野　しかも毎日を「死」というういちばん重要なイベントの前日と意識するんですね。

松本　一瞬一瞬、生まれて死に、生まれて死ぬ。毎朝死の儀式をして、まっさらな状態から新たな一日を生き直す。だからこそ、ジョブズはイノベーティブな思考ができたんじゃないでしょうか。

前野　そういわれると、非常に仏教的な習慣ですね。

松本　禅に「前後際断」という言葉があります。前のことと後ろのことを連続としてとらえるのではなく、一瞬一瞬を新鮮な気持ちで大切に生きていくという意味です。わたしたちは、ともすれば、自分の中の物語に引っ張られてしまいます。自分という確固とした存在があって、歴史や過去の経緯があって、これだけ積み上げてきたものがあるのだから、未来はこうなりたい、こうあるべきだと考えるのは、人間だからこれはもう仕方がない。でも、そこに「ホントはそうじゃないよね」と呼びかけてくれるコーリングを持つ。わたしにとっては、これが南無阿弥陀仏なんです。

前野 念仏、称えてみようと思えてきました（笑）。

松本 称えたければ、ぜひどうぞ（笑）。あまり深く考えず。

前野 念仏でなくとも、ジョブズのように、何かしらコーリングの機会を持つのも良さそうです。

松本 毎朝、時間の流れを「区切る」習慣を持つだけでもいいと思います。例えば、一人で静かな時間を持つ。ジョブズの鏡も、そういう習慣だったのではないでしょうか。

ホントのところは否定形でしかあらわせない

松本 念仏の垂直方向でのビジョンを「非二元（Non-duality）」と表現することも大切かな、と思っています。善と悪、物体と精神といった二元論的ではないというと、「じゃあ一元論なのか」となってしまいますが、それも違います。龍樹は、「ホントのところは否定形でしかあらわせない」

といっています。

前野　二元論ではないし、一元論でもない。じゃあ何か？　と聞きたくなりますが、それはできないというんですね。「非」なんとか、としかいえない、と。

松本　はい。言葉には分離的な作用があると思うんです。抽象的な概念でさえも、それぞれにラベルを貼り、分離のビジョンの中に位置づけてしまう。でもホントのところはそれでは表現できません。だから、言葉でありながら、言葉自体を解体するようなものとして念仏はあるんです。

前野　垂直的には、ですね。

松本　ああ、そうですね。念仏にも意味はある。水平方向にも機能する。でも、「わたし」と「あなた」とを切り離してしまう言葉の分離的なはたらきを無効にする側面も持っている。お坊さんの中には「南無阿弥陀仏の意味なんて聞くな」とおっしゃる方もいますね。

前野　禅問答とも似ていますね。言葉の論理を超えたところで理解を深めようとしているのは、禅も念仏も同じ大乗仏教だからですかね。

松本　そうですね。道元[8]と親鸞[9]を重ねて見ている方ってすごく多いです。真逆のように見えて、じつは近いんだと思います。

前野　なるほど。おもしろい。

松本　ですから座禅も、悟るためにするわけじゃないんです。

前野　え？

松本　だって、誰が何を悟るんですか？

前野　ああ、そうか！　矛盾しちゃいますね。

松本　二元的なビジョンを手放してしまえば、わたしも、悟りも、ありません。滅すべき煩悩もなければ、滅するわたしもいないんです。

前野　何もいないから、当然、わたしの意志や意識もない。

道元や親鸞は無意識の大切さに気づいていた？

松本　道元禅師の『正法眼蔵』に「自己を忘るるといふは、万法に証せらるるなり」とあります。受身形になってるんです。

前野　忘れようとする自分はいないから、受身で「証せられる」というわけですか。自分の意志より先に無意識があるとする、受動意識仮説っぽい教えですね。

松本　はい。先生の受動意識仮説は、通常の感覚からすると怖いだ

8―**道元**（どうげん／１２００〜１２５３年）鎌倉時代初期の禅僧。日本における曹洞宗の開祖。同宗旨では高祖と尊称される。一般には道元禅師と呼ばれる。只管打坐（しかんたざ）の禅を伝えた著作の『正法眼蔵』は、和辻哲郎、ハイデッガーなど西洋哲学の研究家からも注目を集めた。

9―**親鸞**（しんらん／１１７３〜１２６２年）鎌倉時代の日本の僧。浄土真宗の宗祖とされる。法然を師と仰ぎ、生涯にわたって、法然によって明らかにされた浄土往生を説く真実の教えを継承し、さらに高めていくことに力を注いだ。浄土真宗の立教開宗の年は親鸞の著作『教行信証』が完成した元仁元年（１２４７年）とされている。

ろうと思うんです。「自分で意志決定ができないなんて、どうすればいいの」と不安を感じて、どうしてもストーリーを描いちゃう。すると、運命はすべてあらかじめ決められているんじゃないかという運命決定論的なイメージになると思うんです。

前野　そうではない、とわたしは考えています。

松本　わたしもそう思います。「すべては縁によって成り立っている」と説いた釈尊も、弟子から同じような質問を投げかけられているんですよ。

前野　ほう。

松本　じつは釈尊はこれに答えていません。そうだとはいえないし、そうでないともいえないとしている。これはわたしの解釈ですが、二元論的なビジョンではどうしてもそういうとらえ方になってしまうから答えなかったのではないでしょうか。でも、非二元論的なビジョンから見れば、それは我々が囚われている物語による解釈に過ぎないんです。そこが腹落ちできれば、不安は感じない。

前野　松本さんは、どう受け取られましたか？

松本　わたしも受動意識仮説は、運命決定論ではないと思います。仏教の「縁によって成り立っている」を、前野先生の科学の立場から意味づけると「受動意識仮説」ということになるのかな、と受け取りました。だから、手を動かそうと意識するより前に、手がもう先に動いているのは、そういう縁なのだろうと。

前野 なるほど。

松本 親鸞聖人は「さるべき業縁のもよおせば、いかなるふるまいもすべし」といっています。縁が生じてしまえば、誰だってどんな振る舞いをするかわからないという意味です。

前野 ぼくには受動意識そのものについて話しているように聞こえますね。

松本 自分の意志でやってるつもりのことでも、いろんな縁の積み重ねで起こってるんだよ、ということですよね。

前野 まさに。

松本 親鸞聖人は、自分が意志決定をしているということをカッコに入れちゃっていた方だと思います。だからもし前野先生から受動意識仮説を聞いても「まあ、そうだよね」とおっしゃりそうです（笑）。

前野 いやあ、参りました（笑）。

アメリカの瞑想ブームと自然法爾

松本 親鸞聖人の晩年の境地といわれる「自然法爾《じねんほうに》」は、あるがまま、そのままという意味です。

前野 レット・イット・ゴーですね。

松本　はい。瞑想がブームになっているアメリカでは、上座部の流れを組む[10]ヴィパッサナー瞑想や曹洞宗の座禅など、いろんな流派の実践が盛んで、そこからさまざまな新しい実践方法も派生しています。藤田一照さんの塾で紹介されていた『Three Steps to Awakening』という本では、ある在家仏教徒の方が開発したシンプルな瞑想の3ステップが説明されています。

1 breath awareness
2 breath as anchor
3 choiceless awareness

おもしろいのは、最初の2ステップは呼吸が意識の中心になるのですが、最終ステップは意識の対象をchoicelessにする。意識を向ける対象を選ばないというのです。「なるほど」と思ったんですよ。親鸞聖人の自然法爾という境地は、まさにこれなのかなと。

前野　無意識にまかせるというか、もともと自分の意志なんて幻想で、受動意識なんですから、これがもっともあるべき状態に思えます。

松本　でも、それだと何も変わらないじゃないかと思いませんか？

10—ヴィパッサナー瞑想　インドのもっとも古い瞑想法のひとつ。ヴィパッサナーとは「物事をありのままに見る」という意味で、今という瞬間に完全に注意を集中する実践。2500年以上前にゴーダマ・ブッダによって再発見され、テーラワーダ仏教（上座部仏教）の長老たちによって守られ、今日まで連綿と伝えられてきた。

前野　ははは。そう思っちゃいますね。

松本　ですよね。でも、やっぱり変わっているんだと思うんです。死を恐れる人に対して、良寛和尚は「死ぬる時節には死ぬがよく候」と答えています。解決になってないといわれそうですが、それを受け入れる境地のことを示しているんだと思うんです。傍から見たら、普通の人と同じでしょう。でも内面はぜんぜん違う。

前野　違いますか。

松本　そう思います。見た目には違わなくても、内面のあり方が全然違います。

呼吸を意識する＝無意識の扉を開く

前野　なるほど。ちょっと、話が逸《そ》れるように聞こえるかもしれませんが、瞑想や座禅では「呼吸」がよく出てきますね。これにはどういう意味があるとお考えですか？　脳科学の立場からいえば、人間はひとつのことにしか意識は向かないんです。だから、邪念に集中しないで済むという効果があるのかな、と推察します。あと、呼吸を意識すると、激しい呼吸にはなりづらいので、自然に心が内面に向かい、呼吸が落ち着くというメカニズムがあると思います。

松本　呼吸は常におこなわれているものですが、普段は無意識のうちにやっています。呼吸という行為自体に「誰がやっているのか」という、念仏を「弥陀の呼び声として聞く」

のと同じ問いが設定されているのではないでしょうか。意識を向ければ多少コントロールできるわけですけど、意識が離れても呼吸は続くわけですから。

前野　なるほど！　呼吸はコーリングなんだ。

松本　ええ。それと「わたし」というもののイメージって、たいていの場合は、各自の肉体の中に閉じ込められています。この肉体がわたしである、と思っている。でも、呼吸って、外と内が通じる通気口なんですよね。その境界線を突破しやすくなる部分です。

前野　内と外の境界線でもある。そして意識の受動性にも気づける。そういう装置になってるんだ。すごいですね、これは。

松本　ですから、呼吸に意識を向けるだけでも、大きな意義があると思います。

歩くことも コーリング

前野　呼吸と同じく、素足で歩くというのはどうですか。最近、土の上を素足で歩く体験をしたんですが、足の裏の感覚が新鮮だったんです。これも内と外が通じていることにはなりませんか？

松本　たしかにそうですね。足の裏の感覚は普段意識していない、忘れがちなものです。その身体感覚を取り戻して、そこに意識を向けるのは呼吸に意識を向けるのと同じ効果がありそうです。

前野　そうですよね。変な言い方かもしれませんが、土と足のご縁みたいなものを感じたんですよ。硬い靴を履いているのって不自然だなと思うようになりました。

松本　フレッシュな感覚を取り戻すことが大事なんです。アメリカの瞑想では「今、ここ」に意識を持ってくることを強調します。わたしたちの意識は、放っておくと過去に行ったり、未来に行ったりしてしまう。これを「今、ここ」に戻すために、身体感覚というセンサーを意識するんです。

前野　じゃあ足の裏じゃなくて、頭皮マッサージでも良さそうですね（笑）。

松本　そうかもしれません（笑）。

前野　そう考えると、歩行そのものが受動的ですよね。人間は小脳で歩きます。右足をこうしよう、次は左足をこうだなんて普段は意識して歩いていません。ロボットも一見似たような歩き方をしているように見えますが、じつは人間と違って、周囲の状況、自分自身の位置や姿勢をセンサーで測り、フィードバックさせながら歩くんです。なぜなら、人間よりも処理速度の速いコンピュータが使えるからです。

松本　なるほど。

前野　でも人間の処理速度はもっとトロいので、あらかじめ用意した無意識システムで歩いている。ロボティクス（ロボット工学）では普通、こうはやりません。歩行そのものに意識を向けることも、コーリングになりえそうですね。

松本　そうですね。

「次」のシステムではなく「脱」けだす

前野　話を大筋に戻しましょう。先ほどアメリカの話が出ましたが、アジアの上座部仏教における瞑想の流れがアメリカを経由して「マインドフルネス」[11]という形で、日本に再上陸していますね。グーグルで開発されたという瞑想プログラム「SIY（Search Inside Yourself／サーチ インサイド ユアセルフ）」は、瞑想で心を落ち着けることで社員のパフォーマンスを高めるとされています。だから、みんなでやりましょうというのですが、こういうスタンスは、仏教の考え方とずいぶん異なっている気がするんですよ。これはOKなんですか？

松本　やらないよりはいいんじゃないでしょうか。サーチ インサイド ユアセルフは自分自身の内面をサーチして、理解を深めることですよね。人生においてこれほど大切なことはないと思います。

11―マインドフルネス　米グーグルが2007年から集中力や創造性を高めるため社員の研修に導入したことや、米TIME誌が特集を組んだことから近年注目を浴びている。「意図的に、今この瞬間に注意を向けること」を意味する英語（＝mindfulness）。仏教の瞑想法の技術を元にしているが、「呼吸に意識を向ける」「食事をよく味わいながらとる」「足の裏の感覚を大切にしながら歩く」などさまざまな方法がある。

「わたしとは何か」という問いへの理解が多少なりとも進むのであれば、悪いことではないと思います。

前野　しかし組織の業績や自分自身のパフォーマンスを上げるというのは、ある枠組みの中での物語に過ぎないんじゃないですか？

松本　たしかに水平方向の文脈だと思います。ほんの少し垂直方向のメソッドを取り入れながらも、結局は、水平の物語に還元していると感じますね。願わくは、このシステム自体を打ち破って、物語を生きること自体をやめようという人が一人でも増えれば、とは思います。

　ダボス会議に参加させていただいたとき、今の資本主義システムの行き詰まりと打開策が大きなテーマとなっていました。その場にはそのシステムを引っ張ってきた張本人たちが集まっているわけですが、そういう人たちが「次はどうしたらいいのだろう」という意識に変わってきているのを、ヒシヒシと感じました。

　多くの人々は､資本主義の「次」のシステムを考えています。でも､システムを変えれば､何かがガラッと解決するわけじゃないですよね。多少はマシなシステムに変わっても､プレイヤーである人間が変わらないかぎり､同じことの繰り返しで根本的には変わりません。自分たちが迷っていることに気づかないままなら、どんな物語を用意してもグリード（強欲）のしもべになったり、自分が脅かされる恐怖から逃れようと暴力的になったりしてしまう。

瞑想ブームを通じてであれ、そういう物語から脱していく人が一人でも増えれば、ちょっとは覚醒したということになるんじゃないでしょうか。そういう意味では、仏教はヒューマニズムではないんです。もともと仏になるための教えですから、人間が人間じゃなくなる必要があるんです。

前野　垂直に上がるためには、ね。

松本　そうですね。水平方向にシステムを横滑りさせるのではなく、システムの支配を乗り越える個々人の、垂直方向へのパラダイムシフトが必要です。今、マインドフルネスやＳＩＹが注目されていますので、そのようなシフトを経験する人が増えるといいなと思います。

日本人の無意識には仏教性が根付いている

前野　日本にも垂直を目指そうという人が、五〇〇〇万人くらいいたらなあと思います。

松本　どうなるんでしょうね。より本質的な幸せを目指す人が増えるのは良いことだと思います。

前野　よく考えると、マインドフルネスやSIYが日本に入ってきたといっても、アメリカのようにわっと「ビジネスに使える！」という感じに広がってはいませんね。無意識のうちに、そうではない垂直的な部分への関心があるからでしょうか。

松本　わたしの想像ですが、欧米には「金・モノ・地位」という外側に向かえば幸せになれる、と本気で信じていた方が結構いたのかもしれません。だから「これは違うぞ」と気づいて、今度は内側に向かってるようにも見えます。日本人って違いますよね。

前野　違いますね。

松本　世の中の仕組みにはひとまずアジャスト（適応）しておくけれども、でも本当のところは違うぞという感覚も持っている。わかっちゃいるけどやめられないんだよな、という認識が常に根底にあるんじゃないかなと感じます。

前野　うん、そう思いますね。だから、そんなに飛びつかない。

松本　「そんなことはわかってるよ」という感じですよね（笑）。この日常も続いていくんだから、立ち位置を大きく変える必要はないと思っているんじゃないでしょうか。

前野　普通に暮らしているだけで、少しは垂直方向へのアプローチを持てている。南無阿弥陀仏というコーリングも日常のすぐ近くにある。いい国に生まれたのかもしれませんね（笑）。

インターネット時代の可能性と危険性

松本　今はインターネットというツールがありますから、こうした考えも広がりやすくなっていると思います。誰にでも「ハッ」とする瞬間ってありますよね。そうした機会を得たり、お互いの考えを共有する機会は増えている気がします。

前野　ＳＩＹもまさにグーグルから出てきたものですもんね。一般人は単なるビジネスツールにしてしまうかもしれないけど、体験を通じて、仏教の本質にアプローチできる可能性も少しは高くなる。そういう時代が来ているように思います。

松本　釈尊は仏教を勉強して悟ったわけじゃないですからね。だって、彼以前には仏教はまだなかったんですから（笑）。

前野　おお、そうですね（笑）。

松本　悟りというか、非二元（Non-duality）的なビジョンに親しむこと自体は、仏教がなくても可能だと思います。じつは日本でも、それ以外の国でも結構起こっているのかもしれません。

前野　ありますか？

松本　はい、そう思います。ただし、そのようなビジョンを体験しても、それを現実世界の言葉に落とし込んで意味づけをする過程で、間違って解釈してしまったり、逆に「自分は神かもしれない」なんて自我を肥大化させてしまうことがあるんです。インターネットは良くも悪くも有象無象《うぞうむぞう》の世界なので、ビジョンを我流で扱ったときの危険度が増す部分もあるかもしれません。

前野　なるほど。

松本　仏教は、そういうビジョンをどう受け止めるべきか、解釈すべきかを、かなり精緻に、丁寧に整理してくれていると思っています。歴史の蓄積に裏打ちされたものがありますから。

前野　そういうふうに仏教の役割を位置づけておられるんですか。納得です。

科学からの垂直アプローチ

前野　ぼくはある意味、我流でやっているんですよ。脳科学から見ると、自由意志はどうやら幻想に過ぎない。論理の側からアプローチして、仏教の語るビジョンに真実味を感じているんです。我流というか、現代流。これはどう見えますか？

松本　前野先生は探求者だと思いますよ。

前野　ありがとうございます（笑）。仏教はおそらく哲学と同じように演繹《えんえき》的にやっている。ぼくは科学的・統計的な証拠主義。つまり帰納的にやっているんだけど、同じところに到達しつつあると思います。アプローチは違うんですが、無意識というものを明らかにすることは、仏教の垂直への方向性に近いと感じています。

松本 探求において、袈裟衣を着てる着てないは関係ないですからね（笑）。先生の受動意識仮説には、運命決定論的な怖さがあると思います。これを受け止めるカギは「わたしは、たしかにある」という信念ですよね。

前野 はい。受け止める人にとって、議論のスタート地点はそこです。

松本 この信念があるから「え？　そうじゃないんだ」「じゃあ誰が？」と見えざる神がプログラミングしているようなストーリーになってしまう。でも仏教には、そんな存在はいませんし、「わたし」という存在自体も手放していくので、特別違和感なく、そういう表現を受け止められるんです。

前野 なるほど。受動意識仮説は、「受動」なんていう表現を使っているから、仏教から見ると「二元論的」に見えてしまう面もあるんですね。

松本 そうかもしれません。受動している意識の主体、客体は何かということになりますものね。

前野 じつはこのアイデアにたどり着いた当初は「幻想意識仮説」と名づけようと思っていたんです。でも西洋的な科学における能動、受動という価値観に挑戦したいというインパクトを重視して、受動としたんです。

松本　たしかに、従来の意識というものの定義に疑問を投げかけるという意味では、こちらのほうがパワフルですよね。

型じゃないことを知るための「型」

前野　今日は、宗教の持つ水平と垂直の機能というお話が、探求者としてすごく腑に落ちました。じつはもっと修行のお話になるのかなと思っていたんです。ぼくは座禅体験とか、滝行体験なんかが大好きなので（笑）。

松本　浄土真宗ではあんまりみなさんがイメージされるような修行ってないんですよ。

前野　マインドフルネスで、マインドフル・イーティング[12]というのもありますね。心を込めて、ゆっくり、五感を食事に集中させる。体験しましたが、黙って食べると、味に集中するものですね。

松本　小池龍之介さんも実践していますね。わたしは早食いですが（笑）。

12―マインドフル・イーティング　マインドフルネスの手法のひとつ。他のことをやりながら、あるいは何かを考えながら食べるのではなく、目の前にある料理にまっすぐ向き合い、感謝を込めて一口一口ゆっくりと咀嚼して味覚、視覚、聴覚、触覚、嗅覚の五感をフル稼働させて食べるという実践。ダイエット効果も報告されている。

前野　ぼくの妻のおじいさんが浄土真宗で、「ごはんは黙って食べなさい」という人で、孫としてはつらかったそうです。

松本　そうですか。禅寺では食事中、音を立てませんね。曹洞宗の修行道場では、言葉を発してはいけない三つの堂舎を「三黙道場」といいます。三黙道場とは、僧堂《そうどう》＝座禅・食事・睡眠をおこなう場所、浴司《よくす》＝お風呂、東司《とうす》＝手洗い、の三つです。

前野　はい。

松本　この三黙道場に共通するのは「水」です。水はいのちの基本であり、それが住まいの中で循環する場所が「食堂」「お風呂」「手洗い」ということになります。水はわたしたちの身体に入って循環し、出ていってまた自然に還る。そういういのちの流れを意識する場所だから、特別にきれいにして修行するのですね。なかでも手洗いはもっとも掃除に力を入れる場所のひとつです。烏枢沙摩明王《うすさまみょうおう》[13]が手洗いで悟りを開かれたと信じられていることから、神聖な空間とみなされています。

13―烏枢沙摩明王　密教における明王の一尊。真言宗・天台宗・禅宗・日蓮宗などの諸宗派で、火神・厠の神として信仰されている。便所は古くから「怨霊や悪魔の出入口」と考える思想があり、現実的にも不衛生であり怨霊の侵入場所でもあった便所を、烏枢沙摩明王の炎の功徳によって清浄な場所に変えるという信仰が広まり今に伝わる。現在でも曹洞宗寺院の便所（東司）で祀られている。

ものの扱いが粗雑だと心も粗雑になる

前野　お坊さんたちは一日どれくらいの時間、掃除に費やしているんですか？

松本　わたしは今、ほとんど掃除をする時間を持てていませんが、禅道場の修行僧たちは一日24時間のうち、三分の一は掃除をしているといわれています。

前野　そんなに！

松本　はい。修行生活中の僧侶は、驚くほど小さな空間で寝起きし、必要最低限のものしか持ちません。ですから、修行僧の部屋は非常にシンプルで、限られた持ち物についても、すべて置き場所が決まっています。「あるべきものが、あるべきところに、あるべきようにして、ある」のです。

前野　最近、流行りの「ミニマリスト」の先駆者ですね、お坊さんは。

松本　わたしたちは普段、ものを使うときに出して、使い終わったら元の場所に戻す、という簡単なことがなかなかできません。それはものの扱いが粗雑になっていると同時に、心も粗雑になっているからです。入門したばかりの新人僧侶は先輩から、経本は机の上にどのように置くべきかなど、もののあるべき場所を徹底的に教え込まれます。1ミリでもずれていたら先輩からお叱りを受けます。

前野　怖そう（笑）。

松本　そういう作法をみんなが身につけて、ものを丁寧に使い込み、こころの耳を澄ませ、ものが置いてある部屋という空間が、自分の身体の一部であるかのように感じられるまで、毎日掃除を繰り返すんです。

前野　まさに無意識の鍛錬ですね。

松本　こういう儀式や所作、日常の掃除や食事で、ある程度の「型」を身につけることが大切だというのは宗派を超えてありますね。ただ、これは型どおりにやらなくちゃいけないという意味ではないと思うんです。「型」を身につけなければ、型破りもできない。破るために型はあるんです。

前野　そうなんですね。型にはめることで、型以外の部分がクリアになる。社会生活だと型にはめて、はめられて、そのまま終わりになりがちですが。

松本　はい、そうなりがちです。でも、型が窮屈でも「煩悩はあるねえ」と気づけばいいのではないでしょうか。

前野　すごく柔軟ですね（笑）。

松本　あるねえ、またやっちゃったねえ、と（笑）。

前野　幸福学でぼくが提唱している「楽観的」にも通じますね。幸せになるためには、これはすごく重要だと思っています。

松本　『天才バカボン』は非常に仏教的なマンガだといわれますね。バカボンは薄伽婆（バカバ。釈迦、如来のこと）から来ているそうですし、「これでいいのだ」はまさにあるがまま、絶対肯定ですから。

前野　やっぱり「レット・イット・ゴー」なんですね。そういえば、ビートルズの「レット・イット・ビー」でも聖母マリアが「あるがまま」といっていますね。

松本　表層部分では文化的な違いがあるんですけど、長く受け継がれてきた宗教には普遍的な役割があるのかもしれません。指はそれぞれ違うけど、指し示している月は同じということでしょうか。ただ、ついつい人は、目の前にある指そのものに囚われちゃうから、宗教同士でさえも争ったりするんだと思います。

前野　はい。

松本　仏教には「菩提心《ぼだいしん》」という言葉もあります。悟りを求める心のことで、わたしはそれを「もう物語という夢を生きるのはやめよう」という意味だと解釈しています。でも、そういう菩提心もありながら、「夢は夢として楽しめばいいじゃない」という心持ちも、大事にしたいですね。

前野　やっぱりバカボンかあ（笑）。

松本　真剣であっても、深刻になり過ぎない。笑いも大切だなあって最近つくづく思いますよ。

わからなくてもいいじゃない

前野　ぼくは以前「今日死んでもいい」と本気で思っていて『「死ぬのが怖い」とはどういうことか』という本を書いたんです。ところが執筆のために自分の心理を一生懸命分析していたら、ものすごく死ぬのが怖くなってしまったんですよ（笑）。

松本　（笑）

前野　でも、今ジョブズのマネで「今日が人生最後の日だとしたら」と考えてみて、ふっと一瞬死んでもいいのかなと思ったんですよ。仏教は、本当にそういう感じなのかなあと思いました。ノウハウ集ではなく、大きな物語とつながる部分があるんですね。

松本　そうですね。仏教はノウハウ集ではありません。目的が設定できないからです。目的といっても、誰が何を目指すの？　となってしまう。仮に悟りという目的に向かったとしても、悟ったときには、それを得るべきわたしはいないという（笑）。「目指す」という考え方が解体されてしまうんです。

前野　そうでしたね。悟りは摑めない。

松本　はい。摑んだと思ったら、そこには摑むわたしも、摑む悟りもない。

前野　なんという、わかりにくさ（笑）。龍樹が「否定形でしかあらわせない」といったのは本当ですね。

松本　とりあえず、念仏しましょうか（笑）。

松本紹圭さんとの対談を終えて

浄土真宗の僧侶である松本さんとの対話でとりわけ印象的だったのは、念仏、コーリングのお話でした。一般に、念仏とは、人々が称えることによって救いを求めるものだと思われているかもしれません。わたしは、南無阿弥陀仏という念仏は、称えることによって心の邪念を消す、インスタント悟り装置だろうと思っていました。いずれにせよ、自分の発する言葉です。

たしかに念仏には自分の言葉という側面もあります。しかし人々が「発する」ものであるのと同時に、阿弥陀さまから「呼びかけられる」のを「聞く」という意味も持っているのだと松本さんは教えてくださいました。ですから念仏の内容に意味はあるけど、ないともいえる、二面性を持っているのです。正確にいうと、二面性も超越しています。そして、このことによって、念仏にも「称えているわたしはいない（空である）」という悟りの境地にもつながる知恵が織り込まれているのです。

「悟り」についても興味深いお話の連続でした。「わたし」という存在はいないのだから、悟ることはできない。もしくは悟った瞬間に「悟ったわたし」が消えてしまう。いわれてみれば、たしかにその通りです。松本さんは華厳経のインドラ網の逸話を挙げられていますが、17世紀オランダの哲学者スピノザも「飛んでいる石も意識を持てば『自分は自由意志で飛んでいる』と思うだろう」と書いています。いずれも「わたし」はいないということをあらわすものです。

しかも大乗仏教では、こうした悟りの本質に気づくことを人々に求めていません。究極の状態を目指してもいいし、目指さなくてもいいと考える。宗派ごとに存在するさまざまな儀式や修行、僧侶の生活様式についても、「型」を重視しつつも、最終的には型が必要ないことを知る、型を破るのが目的だといいます。高度な内容でしたが、松本さんの落ち着いた、それでいて確信に満ちた語り方で聞いていると、不思議なくらいスムーズに理解することができました。

こうした「悟り」の考え方と大乗仏教のアプローチは、無意識と意識との関係を考えるうえでも、深い示唆に富んでいると思います。仏教という宗教は、幻想に過ぎない「わたし」という意識をあえて全否定することなく、結果的に人々の無意識を整えようとする装置なのかもしれません。

受動意識仮説と仏陀の悟りは似ているのではないか、というわたしの直感は、論理としてはいい線を行っていたと思いますが、仏教思想は言葉では語り得ないものまで含んでいると感じずにはいられませんでした。「探求の道は深い」というのが、正直な感想です。

無意識を整える習慣

- 念仏を称える。コーリングを聞く
- 自分の存在を「ご縁」で成り立っていると認識する
- 感情を手放し「〇〇の感情が湧いてきたようだねぇ」と客観視する
- 毎朝、「今日が人生最後の日だったら何をするか」と考える
- 呼吸や身体感覚に意識を向け、「今、ここ」にいるようにする
- 必要最小限のものだけを持ち、シンプルに過ごす
- 掃除をしたり、ものをあるべき場所に置いたりして環境を整える
- 真剣であっても深刻になり過ぎず「これでいいのだ」と思う

無意識対談③×山田博

株式会社森へ　代表取締役

山田博　やまだひろし

株式会社森へ代表取締役。
1964年生まれ。東北大学教育学部卒業。
大手企業で人材採用、採用広告・教育研修の企画営業、
マネジメント、事業企画に従事。
友人の勧めで受けたコーチングに共感し、自らも
コーアクティブコーチングを学ぶ。2003年CTI
（The Coaches Training Institute）の認定資格CPCC
（Certified Professional Co-Active Coach）を取得し、
翌年プロコーチとして独立。長男の誕生をきっかけに
親子、家族が互いに育み合う関係を支援する活動を始め、
NPO法人ファミリーツリーを設立。
2006年には自然の中で自分を見つめ、感じる力を解き放つ
「森のワークショップ～ Life Forest ～」をスタート。
2011年株式会社森へ設立。
同時に「森のリトリート」を開始。

森の中での語らい

（この対談は、栃木県那須塩原市の森の中でおこなわれました）

前野　森での対談は気持ちいいですね。ただ、話し方がゆっくりしてしまいます。

山田　それがいいんですよ。

前野　そうですね。ゆっくり、流れに身をまかせて話しましょう。ぼくは森に入るのは三度目で、今回は昨日、今日とここで一泊二日を過ごさせていただきました。森は人間の無意識の広さ、深さを実感できる場所じゃないかと改めて感じたんです。そのあたりのことを「株式会社森へ」という不思議な名前の会社を経営されている山田社長にお聞きしたいと思っています。

山田　山田社長はちょっと（笑）。

前野　じゃあ博さんでいいですか？　みなさんそう呼んでいますね。

山田　ええ、たいてい下の名前で呼ばれていますから、それでお願いします。

前野　わかりました。森はとても特別な空間だと思います。初めて体験したときは衝撃でした。

山田　去年（２０１４年）の10月でしたね。

前野　はい。森に入る前からある程度は想像していたんです。きっと気持ちいいだろうし、リラックスするんだろうなんて。でも、そんなものじゃなかった。手つかずの森って、ものすごく豊かなんですね。

山田 ええ、本当にそうですね。

前野 倒木があって、苔が生え、その上を蜘蛛が歩く。土の匂いは酸っぱくて、地面にもいろんな植物や虫がいて、多様なものが共生している。そういう空間で何も持たずに一人で過ごしていたら、自分でも思いもよらないことを次々に連想しました。あれは1時間くらいだったでしょうか？

山田 だいたい2時間です。長いと3時間くらい過ごしていただくこともあります。

前野 2時間もいたんですか。時間の感覚がわかんなくなるんですよね。

山田 あのときの前野さんの表情、思い出しました。すごく驚かれていましたね。

前野 強烈でしたから。森っていうのは、気づきに満ちているなあと初めて知りました。

自分は赤ん坊に優っているのか

前野 森もですが、山田博さんという人にもインパクトを感じました。話すのも歩くのも、すべてがゆっくりしたリズムで、常人ではない気配。

山田 そうですか？　ゆっくりなだけですよ(笑)。ただ、元からこうだったわけではありません。20代の頃は倍くらいの速度で話していました。

前野　バリバリのビジネスマンだったんですよね。

山田　ええ。とにかく自己主張をしなくちゃ存在が消滅しそうな世界でした。大声を出すか、目立ったことをやるか、とにかく速く結果を出すことが求められる。いまは、その真逆の世界にいるんだと思います。

前野　現代はそういう速い世界の中で、正しい判断を効率よく下すことが求められています。そのために多くの方が一生懸命学び、人生を過ごしている。どうしてそれをやめようと思ったんですか？

山田　きっかけですか。いくつかあるんだと思いますが、大きかった要因は二つですね。ひとつは32歳で長男が生まれたこと。このままのペースでやっていって幸せなんだろうかと思いました。

前野　お子さんですか？　どうしてそう思ったんでしょう。

山田　出産に立ち会ったんです。当たり前ですが、本当に赤ん坊って何も持たずに生まれてくるんですよね。もうもうと湯気が立っていて、ぎゃあぎゃあ泣いている。何も持っていないその子に、ものすごいパワーと可能性を感じた。そのとき自分と比べちゃったんですよ。会社でがんばって働いて、稼いで、それなりに評価もされていい気になっているけど、この赤ん坊のほうがずっと元気じゃないか、と思ったんです。

前野　そこまで思ったんですね。

山田　思ったんですよ。それと同時に「この子にオレみたいになって欲しいか」とも考えたんです。答えは「なって欲しくない」でした（笑）。

前野　当時、仕事に悩んでいたんですか？

山田　悩んではいませんでした。なんというか、パラダイムが変わっちゃった感じです。常識と思っていたのとは違う世界に気づいてしまったというか。

前野　呼ばれてしまったんだ。でも普通の人はそこまで強くは思わないでしょう。「赤ちゃんの生命力はすごい」と感じながらも日常に戻っていく。無意識のうちに、そういう要素があったんですかね。

山田　うーん。そういわれると、このとき入社してちょうど10年経っていたというのはあるかもしれません。みんなで競争をして成長し続けていくというビジネスゲームに違和感は持っていた。本当にコレをあと20年、30年続けるのだろうか。自分だけじゃなく、会社も、社会もこのまま行ったらどうなるんだろうという、そこはかとない疑問みたいなものはあったと思います。

そこはかとない不安

山田　もうひとつの転機はコーチング[1]を学んだことです。コーチングというのは、クライアント（コーチングを受ける人）が求めている目標や夢に向け、自分の足で歩き出せるよう、サポートするものです。ですから「本当は何がしたいんですか？」と聞く。すると、多くの方が「自分が本当にしたいこと」と「実際にしていること」が違うことに気づきます。そこから、本当にしたいこと、やりがいを感じていることをさらに掘り下げていくのです。いろいろな葛藤があるんですが、それを乗り越えて、本当の目的を見つける。すると、すごくイキイキして、元気になるんです。

前野　はい。

山田　ところがですね、そのイキイキさの奥のほうに、何かいつも不安の影がつきまとっていることに気づいたんです。

前野　元通りになってしまうんですか？

山田　そこまではありません。コーチングを始める以前よりは元気で、目標に向かって、実際にがんばっている。言葉も力強い。で

1―コーチング（coaching）人材開発の技法のひとつで、対話を通じて相手の自己実現や目標達成を図る技術。「答えはその人の中にある」というコーチングの原則に基づき、相手の話をよく聴き、感じたことを伝えて承認し、質問することで、自発的な行動を促すコミュニケーション技法。先生や管理職などが、その知識や経験に基づき、生徒や部下などを目標達成へと導く指示・命令型のティーチング（teaching）とは異なる。

も何か見えない壁というか、蜘蛛の巣に絡め取られているような感じで、どことなく不安そうに見えるんです。見えない影が後ろに忍び寄っているというか。

前野　何でしょう、それは。

山田　ぼくにもわかりませんでした。でも、たしかに感じる。何かしら不安のようなものを持っている。それで忘れないように「そこはかとない不安」と名づけていました。

前野　「そこはかとない不安」ですか。

山田　はい。しかも、それは一人のクライアントさんだけじゃない。多くの方が同じ状態になっていることに気づきました。気持ち悪いですよね、正体がわからないだけに。どうしようかと考えていたときに直感的に思い浮かんだのが、ぼくが子どもの頃に遊んだ那須の雑木林だったんです。

前野　なぜ？

山田　なぜか浮かんだんです。直感的な話で申し訳ないんですが、理由もなく「森に行ってみたらどうだろう」と思いついたんです。クライアントさんの何人かに「ちょっと場所を変えてみませんか」と森に誘いました。それがきっかけなんです。

前野　そうしたら、何かが起こったんですね。

山田　はい。

森がやってくれるじゃないか

山田　一泊二日だったと思います。まったくの手探りでしたが、一人のクライアントさんと一緒に森の中を散歩したり、それぞれ別々に過ごす時間をつくったりして過ごしました。夜は焚き火を囲んで、二人でごはんをつくって、食べながら語らうという感じです。すると、相手の表情がどんどん変わっていく。翌朝には本当にいい顔になっていたんです。

前野　本当にそうなりますね。ぼくは今回が三度目の参加だったので、初参加の人たちの顔つきが見違えるほど明るくなるのが、ぼくにもよく見て取れました。

山田　はっきりと元気になりますよね。最初だったので、正直びっくりしたんです。これまで一生懸命コーチングしてたのは何だったんだ、森が全部やってくれるじゃないかってショックでした（笑）。

前野　ははは（笑）。このあいだ清水ハン栄治[2]さんが同じことをおっしゃっていました。河原のキャンプ場でワークショップをやったんですが、自然の中だと不思議なくらいうまくいく。それは自然がやっ

2―**清水ハン栄治**　アメリカでMBAを取得後、一流企業で高給を取り「勝ち組」人生を謳歌した人生前半から一転、人生後半は本質的な幸福を追求したいと脱サラし、独自のメディアプロジェクトを開始。人権を訴える伝記漫画シリーズは世界25カ国12カ国語で出版、幸福度をテーマにしたドキュメンタリー映画『happy』は世界12の映画祭で賞を受賞。心理学者や宗教者などと連携して誰でも気軽に実践できる幸福度向上プログラムを世界中で普及している。

てくれるからだと。

山田　とても共感しますね。自然の力には、脱帽するしかありません。ぼくにとっての自然は「森」でした。森の力にまかせると、これまでどう扱えばいいかわからなかったことがひも解かれるんだとわかったんです。

前野　なるほど。

山田　いや、「わかった」というより「感じた」といったほうがふさわしいですね。どうしてそうなるかは説明できないので。

前野　ふうむ。とにかく感じちゃった、と。

山田　はい。それで別のクライアントさんも誘ってみたら、やっぱり同じように元気になってもらえた。それで「やっぱり森には何かある」と確信しました。

根拠のない大丈夫感

前野　「そこはかとない不安」はどうなりましたか？

山田　はい。森で過ごしたクライアントさんは、表情がはっきり変わったと同時に、それまで発していた「そこはかとない不安」もかなり小さくなりました。

前野　ゼロにはならない？

山田　残念ながらゼロではないと思います。でも少なくとも、都会で話しているときとはまったく違う気配を発するようになります。聞いてみたんです。「ここは何が違うと思いますか？」って。すると共通して返ってくるのは「安心する」と「大丈夫な気がする」という言葉でした。

前野　安心と大丈夫、ですか。

山田　ええ。「この先いろいろあるかもしれないけど、大丈夫な気がする」とおっしゃったんです。

前野　ほお。今だけでなく、この先も大丈夫だと。

山田　根拠はまったくないんです。未来なんて何が起こるかわからないんですから。でも大丈夫だろうと感じられるという。入口は「そこはかとない不安」だったのが、森に行ったら「根拠のない大丈夫感」という出口に出たんです（笑）。

前野　ははは（笑）。それは、ものすごく大きな違いですね。

山田　これはなんだろうと思うじゃないですか。メカニズムはまったくわからないんですが、現象としてはたしかに起きている。

前野　起きてますねえ。ぼくも体感しました。

コーチングは、意識されにくい部分を言語化する

前野　ちょっと脇道に逸《そ》れるかもしれませんが、聞いてもいいですか。クライアントの「そこはかとない不安」を、山田さんはどうやって感じ取ったんですか？

山田　あ、それはコーチングの訓練にあるんです。人間の気持ちは、話している内容だけじゃなくて、表情や態度、仕草、雰囲気にあらわれていますよね。これを観察するような技術を学んでいるんです。

前野　コーチングには、そういう技術もあるんですか。差し支えのない範囲で、どんなものがあるか聞いてもいいですか？

山田　特別なものではありません。誰でも、人と会話をするときに感じ取ってはいるんです。けれども、それを自覚していない。そういう類《たぐい》のものを読み取るコツがあるんです。

前野　ああ、触覚と似ていますね。今も、ぼくたちはお尻が椅子にあたる感触、服や下着が皮膚に触れている感触、足の裏の感触を感じているはずです。神経細胞からの信号は、すべて脳にちゃんと届いている。でも、ほとんど無視してる。あえて意識しないと、自覚できないんです。

山田　それと同じですね。意識して初めて「あ、お尻の感触はこうだ」とわかるけど、それまでは自覚していない。そういうものが他にもたくさんあるんです。

前野　ああ、なるほど。たしかに触覚だけじゃないですね。視覚、嗅覚とかの信号でも、意識を向けないと自覚できないものはたくさんあります。でも普段は注意を払わずに、無視しちゃってる。信号は受信されて、脳に届いているのに、無意識に沈んでいる。

山田　ええ。コーチングを学ぶときに、その切り捨てている部分に注意を向けて、言葉に直すトレーニングを受けるんです。例えば「何だか不安そうに見えますけど？」といってみたりとか。

前野　見たままを言葉にするんだ。ズバズバいうと、相手は傷つきませんか？

山田　初対面なら失礼になりますね（笑）。コーチングをするときには「こんなことをいうかもしれませんが、いいですか？」と事前に伝えて許可をもらいます。また一度きりではなく、何度もお会いするので信頼関係も構築されています。

前野　ああ、そういう手順を踏むんですか。

山田　そうです。やってみるとわかるんですが、自分の表情とか雰囲気って本人にはまったく認識できていないことが多いんです。ですから、それをフィードバックしている感じになります。コーチが言語化することで自覚して「そういえば」「もしかしたら」と、自分への認識が深まるんです。

前野　なるほど。コーチングのメソッドには、意識されない部分にアクセスする手法が含まれているんですね。

山田 いわれてみれば、そうですね。

森をはだしで歩く

前野 森に話を戻しましょう。人間はそもそも森からやってきたんでしょうか？

山田 いろんな説があるようですが、森に住んでいた哺乳類が人類のルーツになっているようです。

前野 類人猿は森に住んでいますね。森の人、オランウータンももちろん森だ。

山田 そういう諸説は研究されていますが、実感としては間違いなく森から来たんだろうと思っています。

前野 実感として、ですか。

山田 はい。森にいると、なんとも懐かしい気持ちがするからです。

前野 たしかに気持ちいい。昨夜、他の参加者の方がいっていた「すっぽり感」という言葉が、すごくしっくりきました。人に話すと「マイナスイオンですか？」なんて一言で済まされてしまうんですが、もっと深い心地よさを感じるんです。

山田 この感覚は、たぶんまだうまく言語化されていないし、誰からも教えられたことのないものだと思います。でも不思議なくらい、誰でもすぐ感じることができるんですよね。昔から受けつがれてきたDNAなのかわかりませんが、人間が持っているセンサーの深いところで感じ取っているもののような気がします。

前野　二泊三日のプログラムでは、はだしになって森を歩いたり、四つん這いになって土の匂いを嗅いだりしますね。

山田　はい。獣のように（笑）。

前野　実際にやってみて、足という器官は、柔らかい土の上をはだしで歩くようにできているんだなと思ったんです。落ち葉でふかふかしていて、もちろんガラスなんて落ちていないから、ぜんぜん痛くない。

山田　そう感じますよね。

前野　日常生活で、舗装された道の上を、靴下や靴を履いて歩いているのがいかに窮屈で不自然なことなのか、と考えてしまいました。

山田　不思議になりますよね、ぼくもそう思いました。

前野　地面には凹凸がありますが、人間の足には驚くような柔軟性があって、しかも触覚も備わっているから、すぐによろけず歩けるようになる。

山田　現代人の歩き方は、靴を履いてコンクリートの上を歩くのに適していますね。少しすり足気味で、真正面を向いて、スタスタ進む。森の中でこれをやると間違いなく転びます。森ではちゃんと足を上げて、ゆっくり下ろさないと歩けない。歩きにくそうに感じるかもしれませんが、靴を脱いで森で過ごせば、ごく自然にマスターできます。

前野　そうなんです。だんだん足の裏の触覚とか、平衡感覚といったものが鋭敏になるのがわかる。

山田　姿勢でいえば、ひざがまっすぐでなく、ほどよく緩んでいて、顔は前を向いている感じです。視界もワイドアングルになっていきます。

前野　合気道の立ち方に似ていますね。

山田　そうなんですね。森をはだしで歩くと、真正面だけを見る姿勢にはならないんです。前を向いていても、自然に全体を見渡すワイドアングルビジョンになります。

前野　足元も含めた全体を俯瞰しながら歩くかたちになるんですね。

山田　はい。おそらく昔の人たちはこんなふうに歩いていたんでしょう。

前野　森にはだしで入るだけで、普段使っていない足の裏の触覚、視覚が開かれる。いろいろな感覚が研ぎ澄まされるのを実感できました。

山田　これはたぶん自然なことなんです。だから、特別な指導なんて受けなくても、誰でも森にいるだけで、そうなるんだと思います。

ゆっくりは早い

山田　森に入って感覚を開く。このときに「ゆっくり」も大事だなと思うんです。

前野　ゆっくりですか。

山田　ええ。例えばこの話を聴いて「なるほど」と思って、自分もやってみようと都会から森にやってきた大半の人は、「早く」感覚を開こうとするんですよ。すぐに結果を出そうとしちゃう。でも、そうすると逆に感覚は開きにくくなるようです。何度かやってみて、気づいたことです。

前野　なるほど。

山田　だから、森に入るとどんどん先に歩きます。

前野　自分もそうだったかもしれません。早く森の奥に行きたかったし（笑）。

山田　スタスタ進みながら、キョロキョロしている。これだとあまりうまくいかないんです。そこで、ゆっくり歩く、ゆっくり話す、ゆっくり食べる、ゆっくり呼吸することを取り入れました。すると、結果的にみなさん早く効果が出るようになったんです。

前野　ゆっくりが早いんですね。現代人が間違えやすいポイントかもしれません。

山田　「急がばまわれ」という言葉は、誰でも知ってるはずなんですけどね。でも今の世の中は早く結果を出したほうが勝ちというルールです。その社会で20年、30年と生きていれば、それがデフォルトになってしまう。そこから抜け出すのは大変なことだと思うんです。ある種、怖いというか。

前野　怖い、ですか。

山田　一度実験してみたことがあるんです。渋谷のスクランブル交差点をものすごくゆっくり歩いてみた。そうしたら、誰もぼくに気がつかなかった。

前野　気づかないんですか？

山田　ええ。高速で真正面を見据えて急ぎ足に進む人たちには、ゆっくり過ぎる速度で進むこちらの存在は意識されないみたいです。

前野　へえ！　見えないんですね。ラジオのチューニングみたいに、周波数が違っているものは受け取れないという感じですかね。

山田　そういうことかもしれません。速い世界にいると、ゆっくりしたものは見えなくなります。例えばそこに今、何かの草のかわいい若芽が顔を出していますけど、高速で歩いていたら気づきませんよね。

前野　そうか、なるほど。スピードを上げることで、意識できなくなることがあるんですね。(手で何かを振り払う)

山田　あ、蚊に刺されました？　大丈夫ですか？

前野　ええ、平気です。つい気にしちゃうんですが、博さんは気にされませんね。

山田　いえいえ、話に熱中して気づいてなかっただけですよ。いつも掻いたり、避けたりしてます（笑）。

前野　歩く話でしたね。森ブームの流れで盛んになっているトレイルランニング[3]についてはどう思われますか？

山田　ぼくはやらないので詳しくありませんが、トレランは良い運動にはなりますし、おいしい空気も吸えるし、足元も柔らかいからひざへの負担も小さいとか、健康的には良いことずくめのようですね。ただ、「感覚を開く」という意味では、あんまり適していないかもしれません。やはり、もっとゆっくりするのがいいんじゃないかなとぼくは思います。

前野　そういうことになりますよね。健康には良さそうですが、森を鋭敏に楽しむという意味ではもったいないという面もありますね。

3 ― トレイルランニング（trail running）陸上競技の中長距離走の一種で、舗装路以外の山野を走るものを指す。マラソンと同様にほとんど装備を持たずに走るクロスカントリーとは異なり、トレイルランニングでは専用の小型リュックサックに必要な装備を入れて走るのが普通。トレランやトレイルランと略されることもある。

考えることと感じること

前野　改めて考えてみたいんですが、どうして「感覚を開く」といいんでしょう。むしろ、スピードの速い世界に適応したほうが、会社や社会で成功できるはずです。

山田　ええ。行動も判断も速ければ速いほど、きっと出世できますね。

前野　でも「それでいいじゃん」とはならないですよね。ぼくもそう思うんです。どうしてなんでしょう。

山田　うーん。直接的な答えではないかもしれませんが、この活動を始める前に、もうひとつ別の違和感も覚えていたことを思い出しました。ちょっと大げさな言い方をすれば、世の中が「分断」されている気がしていたんです。

前野　分断ですか。

山田　競争する社会では、うちの会社とあの会社、うちの街とあの街、うちの家とあの家、この国とあの国とを絶えず比較します。そうして優越感を持ったり、負けないように努力しようと思ったりする。これがある種のモチベーションになって、世の中は発展し、良くなっていくと考える。ただ、その前提として「こっち」と「あっち」、「自分」と「他人」を分けてしまう。この分断が歪みを生んでいるんじゃないかという気がしていたんです。

前野　はい。

山田　この分断をどうしたらいいのかについて、ずっと考えてきました。それで、あるとき気づいたんです。「考える」という作業は、問題をシンプルにするために、複雑な物事をより分け、シンプルにして、分析していきますよね。そうすると、どんどん細分化していっちゃう。科学の世界が細かい専門分野に分かれていくのと同じです。ですから、分断について「考える」ということをすると、さらに分断することになるんじゃないかと思ったんです。どこまでも続いてしまう。

前野　ふうむ。

山田　じゃあ「考える」の反対は何だろう。それは「感じる」ことじゃないかと思いました。ですから、感じる力をもっと大きく、強くするために、感覚を開く。それがぼくなりの答えといえるかもしれません。

前野　今のお話を、少し乱暴に思われるかもしれませんが、わたしなりにまとめてみます。現在の世の中は、競争が常態化していて、そのために分断し、考える、スピードの速い社会になっている。でも、争わずに共生し、つながり、感じる、ゆっくりした社会というものがあり得るのではないか。そちらのほうが良いんじゃないか。そういうことでしょうか？

山田　どっちのほうが良いかを決めるのは難しいですね。ただ「森はそうなっているな」と感じます。

前野　ああ、なるほど。それはまったく同感です。

山田　優劣はつけられませんが、少なくとも、こちらのほうが持続しやすい。生命が長く続くのではないでしょうか。

前野　たしかにそういう気がしますね。合理的に判断して、できるだけ素早く、目先の利益を最大にする社会に比べると、森の成り立ちとそこでの暮らしというのは、もっとずっと長いスケールでの営みになりそうです。

分断された社会

前野　そうした競争型の現代社会は、近代西洋型の個人主義にルーツがありそうです。人間はそれぞれ完璧を目指すべきで、そうすることで人も社会も強くなると考える。東洋には集団主義的な考え方がありましたが、今はかなり個人主義の影響を受けている。ここでちょっと戻ったほうがいいという意見もありますね。

山田　どうして西洋社会は個人主義に走ったんでしょう。

前野　うーん。そうすることで、経済的に勝ち続けてこられたから、普遍化しただけなのではないでしょうか。分断して効率化し、合理的に考え、行動するという精神によって産業革命が起きた。その経済的な発展を基盤に突き進んできた。だから「こうすれば絶対にいい」という確信が最初にあったわけじゃなく、やってみたら結果的に、経済的な豊かさを手に入れただけといえるかもしれません。

山田　やってみたら豊かになった。だから味を占めちゃった（笑）。

前野　そうそう。それでどんどん巨大なビルを建てるしかなくなっているんだけど、「これって本当に幸せなのかな」と課題に気づき始めた。

山田　産業革命の頃に生まれた「分業」という概念は、生産効率をものすごく高める反面、個人を分断してしまったと思います。同じ会社で一緒に働いていても、自分のやっていることしか知らないという状況を生み出しやすい。組織で働いていると程度の差はあれ、誰もが感じるところですよね。

前野　ぼくもメーカーに勤めていた頃、カメラ内部の小さなひとつのモーターだけを担当したりして、何のためにやってるのかわからなくなりがちでした。想像力を働かせないと、ツラくなってしまう。

山田　喜びがないものって、長続きしないと思うんです。

前野　ええ。

山田　だから持続性を高めるには、喜びが必要です。喜ぶ基準はみんなそれぞれ違います。非常に多様なものです。だから画一的には決められないし、ましてや、他人が喜んでいることを批判する必要なんてないでしょう。

前野　そうですね。

山田　でも分断されていると、他人の喜びを喜べなくなっちゃうんです。

前野　おお、そうか。

山田　勝つためには、相手が負けなくちゃいけないから、他人の喜びが妬ましくなる。これを解消するためには、相手を負かすか、精神的に優位に立とうとするしかない。成功しても、今度は妬まれる側になる。この連鎖が終わることはないんじゃないでしょうか。

都市の豊かさ、森の豊かさ

前野　豊かさを追い求めていたはずなのに、そうはなれない。

山田　分業を理論化したというアダム・スミスは「豊かさ」をどう定義していたんでしょうね。おそらく、この森にある豊かさとは違っていそうです。もし、この森の木たちが近代西洋文明と同じ発想で他よりも大きくなろうと競争したら、とんでもないことになりますよ。

前野　個別の木はそれぞれ勝手に最大化しようと戦ってるんじゃないですか？　その結果、バランスがとれているのでは？

山田　そういうふうにも見えますね。でも調和のとれた森では、一定以上には大きくならないように調整がはたらきます。大きな木の葉っぱはみな日のあたるところにあるけれど、でも密集はせず、地面に近い小さな植物もある程度育つようなすき間をつくっています。

前野　一種類の植物に独占されてしまう森もあります。これは？

山田　そういう森は長続きせず、どこかの段階で滅びてしまいます。崩壊して、またゼロから森がつくられるんです。

前野　なるほど。競争や独占があっても、それは長続きできない。長いスケールの中で、森には調和がとれていく。そこでは木ものび過ぎないから、いろんなものが一緒にいられる。

山田　大木も、やがて倒れます。台風や虫食い、寿命など理由はさまざまですが、ずっと立っているわけじゃない。倒れるから、世代交代して、次の木が出てこられる。杉とヒノキだけの森に入ると、下草が生えていません。大木が密集しているので、地面に日が差さないんです。こういう森は大雨で表土が流出して、洪水を引き起こしやすくなります。

前野　まさに林業のための森、という感じですね。人間社会の都合には合っているけれども、森としての機能は失っている。

山田　見かけは整然として、きれいに見えるんですけどね。直線的なので、見方によってはビルのようです。下草がないから、花は咲きません。すると虫も飛んでこない。ということは餌がないので鳥も来ない。生命の多様性のない世界は続きません。

前野　豊かさがないんですね。常に手を入れないと崩壊してしまう。

山田　ええ。かつては日本でもアジアでも、植えた木とともに山や森を維持させる知恵がありました。日本の里山も広葉樹を植えたら、ひとつのエリアを20～30年後に切って薪として利用し、森全体が常に生き続けるように工夫していたのです。

前野　ちゃんと代替わりさせていた。それもまた共生のあり方ですね。

山田　はい。植林や林業自体が悪いわけじゃありません。やり方ですね。共生しないで、経済的な効率だけを追い求めると、森の生命力を失わせてしまう。

前野　現代社会に移すと、企業活動自体が悪いんじゃないという話になりますね。効率だけでなく、共生や多様性も認めるようなやり方を模索するべきだということだ。なるほど、あらゆるもののアナロジーがあるなあ。

山田　森はホントにたくさんのことを教えてくれます。

4｜**グローバルネットワーク社会**　ここでのグローバルネットワーク社会（global

森のようなビジネス、森のような社会

前野　企業の目的である利益追求を、ある意味最悪な形で最大化させた形態がブラック企業なのかもしれません。ぼくはこれを「個人の幸せを無視して、利益を得ようとする組織」と解釈しています。でも、これに対して、カネもいいけど、もっとみんなの幸せを考えたいという動きがあります。つながって、多様で、みんなが支え合うほうがいいよねという考え方。博さんのおっしゃる社会は、最近の[4]グローバルネットワーク社会、[5]インクルーシブデザインとも相似形になっていそうですね。

山田　おっしゃる通りで、似ていると思います。そういう社会がいいよねという潮流はあります。でも、どうすれば、現状からそちらに行けるかがわからない。

前野　そうか。そこで森なんですね。森が答えを出してくれると。

山田　ええ。ぼくにはわからないけど、森ならその答えを知っているんじゃないかと思っているんです。それで[6]「森のリトリート for ビジネス」という、企業・組織の経営者やリーダーの方を対象にし

network society）の意味は、世界中がインターネット等を介して、網の目状にさまざまなレベルでつながった社会という意味。

5｜インクルーシブデザイン（inclusive design）従来の製品やサービスの対象から無自覚に排除（exclude）されてきた個人（高齢者、障がい者、外国人など）を、設計や開発の初期段階から巻き込み（include）、対話や観察から得た気づきをもとに、手に入れやすく、使いやすく、魅力的な、他者に優しい製品やサービスを生み出す新しいデザイン手法。

6｜森のリトリート for ビジネス　企業や組織で働くリーダーを対象とし、森の中で、ゆっくり静かに内省する時間、またビジネスという同じフィールドにいる者同士の深い対話から現在のビジネスや仕事の原点を改めて振り返り、今後に向けての洞察やひらめきを得ることを目的とする3日間のプログラム。

たプログラムを始めました。つながる、感じる社会が将来的に求められているのだとしたら、おそらく森からもっとも遠いところで活躍しておられる方たちにまず、知ってもらいたい、感じてもらいたいと思ったんです。

前野　なるほど。

山田　今まさにビジネスの最前線に立っておられる方々にとっては、突拍子もない話かもしれません。でも、もし「これはいい」と思ってくださるのなら、実践していただきたいと思っています。ビジネスを変える方向として採用されれば。

前野　どんなふうに取り入れるんでしょうね。

山田　どうなるんでしょうね。ぼくにはまったくわかりません。でも、能力のある方、影響力のある方が、サスティナブル（持続型）で、調和型で、つながりのある、相互依存的な発想を取り入れてくれたらいいなと思っています。

前野　いままさに実践できる場所にいる方々が取り組んだら、本当にそうなるかもしれませんね。

山田　ぼくの役目は、そのきっかけになることかな、と思っています。

委ねる、手放す、まかせる

山田 もうひとつ大事なことがあります。多くの人に森に関わって欲しいと思っていますが、全部わかっちゃいけない気もしているんです。理屈やメカニズムがわかると、意識的にコントロールしたいということにつながりやすいと思うんですよ。

前野 ああ。「分かる」という字は分断の分ですね。

山田 おお、そうですね。「わかろう」とする好奇心自体はいいことだと思うんです。でも理解のあとに「コントロールしたい」という欲望を人間は抱きやすい。そこは充分、気をつけるべきだと思っています。ぜんぶわかったつもりになると「この森をもっと効率よく再生しよう」とかいう考えが、出てくるじゃないですか。

前野 主体的に関わりたくなりますね。

山田 はい。100年かかるところを、20年で森を倍に成長させようとか。

前野 考えちゃいますね。

山田 考えること自体を否定はしませんが、でも大事な部分を失って、結局また効率よくやろうという方向に行くことには違和感があります。そこが非常に重要じゃないかと思っているんです。

前野 なるほど。でも思いついちゃったら、やりたくなりますね。この森のリトリートというプログラムは素晴らしいから、もっと大きな会社にして日本全国に広げたらいいのに、ってぼくが思うのも同じですね。

山田　ははは（笑）。つい、ぼくもそう思っちゃいますね。スタッフとよく話すんです。自分たち人間がやれるのはせいぜい5％で、残りの95％は森がやってくれるからって。だから森を信じて、委ねることが大切。そうすると良いことが起こるんです。

前野　委ねるというのも、現代人が苦手な部分ですね。オレがやるんだと、意志の力で主体的に取り組もうとしちゃいます。

山田　そうですね。委ねること、手放すことは本当に難しい。そういえば委ねる、手放す、まかせるは似た言葉ですね。共通点は自分だけでやろうとしないことでしょうか。

前野　うん、そうですね。

山田　たぶん自分だけでやろうとすると分断を生み出すんですよ。力を誇示したり、取り分を主張したりすると、壁、境界線ができる。自分だけで立ち続けなくてはいけなくなる。共生から離れてしまう。

人間は森のケアテイカー

前野　全部わかってはいけない。だから博さんは「森はすごい」といいながら「森はわからない」ともおっしゃるんですね。

山田　すでに解明されているメカニズムや知識だけでも、ある程度の筋道を立てて「森の持続可能性」をそれなりに実証的に語ることはできると思います。でも、そうした理屈を超えたものが、この世界にはあるんじゃないのかという部分は残しておきたい。それが人間がこの地球で生き続けていくために、大切ではないかと思うんです。

前野　なるほど。ネイティブ・アメリカン、いわゆるインディアンにもそういう考え方がありますね。

山田　彼らの知恵に教えられるところは多いですね。ネイティブ・アメリカンたちは、人間を森などの自然の管理者ではなくて「ケアテイカー」（お守り役）だとしているんです。放っておいたままでも森は素晴らしいけど、人が上手に手を加えた森はより美しく、健康になるとしています。それが人間の役目だというんです。

前野　人間のために森を使うと考えるのではなく、人間は森のために存在すると考えるのですね。いい教えだなあ。

山田　そうすることで人間も恩恵を受けられて、森の木々や生き物たちとも共生できる。

前野　まさに共生です。

山田　やり過ぎちゃダメよっていうことですよね。日本でも山間部に行くと、今も山菜を採り過ぎないとか、それぞれのルールが残っています。大切な環境を長く持続させて、共生していくための知恵はどこにでも当たり前のようにあったものなんですよね。

前野　都会はダメですね。シュリーマン[7]の『旅行記』に幕末の日本が出てくるんですが、「江戸は森の真ん中にある二つの広大な町のようである」と書いて、その美しさを絶賛しているんです。それほど素晴らしかったものを、その後の150年間で破壊してしまったことを反省しなくちゃいけない。

山田　何かに取り憑かれちゃったんですかね（笑）。歯止めが利くといいなと思いますね。良い発想を思いついて実行するのはいい。でも調子にのって突き進むと、失敗に気づいても戻れなくなってしまう。もともと、人間にはやり過ぎちゃう傾向があるのかもしれません。もっとやろう、もっと行きたいという「もっともっと衝動」って、人間の本能に組み込まれているんじゃないかという気さえします。

前野　依存症だと思うんです。依存症の定義を簡単にいうと、それ無しではいられず、やめると禁断症状が出て、また始めてしまう状

7―シュリーマン　ハインリヒ・シュリーマン（1822〜1890年）は19世紀のドイツの考古学者、実業家。ギリシャの叙事詩に登場する伝説の都市・トロイアが実在すると考え、実際に発掘することでその実在を証明した。「ギリシャ考古学の父」と呼ばれる。

態。現代社会が抱える問題は、ことごとく当てはまるんですよ。だから「やめたほうがいい」とわかっても、そちらに行けない。

山田　ホントにそういう感じですね。毒だとわかっていてもやめられない。

森はアイデアの源泉

前野　「感覚を開く」という話にちょっと戻らせてください。ぼくは森に来ると五感が開いて、脳が都会にいるときとは違う状態になるのを感じます。普段なら思いもよらないことを思いついたりするんです。

山田　ええ。森の中にいるときに浮かぶのは、たぶん脈絡のあるアイデアではないですよね。たぶん、その源泉になるような、ひらめきや直感だと思います。そういうものが〝降ってくる力〟は明らかに高まります。自分では自覚してなかったことが、ビビッと届く。それは感覚が開いているからです。

前野　まさにそういう感じ。

山田　森には本当にたくさんのものがあります。いつも参加者の方に「この場所で、何が印象的ですか?」と聞くんです。すると、同じ場所にいてもみんな違うものを挙げるんです。実際に聞いてみましょうか。(その場にいる数人に聞く。奇妙なかたちの枝、若葉の色、知らないキノコ、山椒の実などが挙がる)全員まったく違うところを見てるでしょう?

前野　本当ですね。森は多様性の源泉ですね。

山田　おもしろいですよね。もっとおもしろいのは、どうしてそれが印象に残るのか聞かれても答えられないことが多いところです。自分でも説明できないけど、直感的に「これがいい」「あれが好きだ」と思っているんです。たぶん無意識のうちに、それを選んでいるんでしょう。

前野　ああ、なるほど。外側に向けた感覚が開いて鋭敏になるというよりも、本来すべての情報を受け取っている無意識にアクセスしやすくなっているんですね。

山田　これって、アイデアの種というか、ひらめきと似たものだと思うんです。

前野　ひらめきは常にそういうものですね。理由はわからないけど、どこかから降ってくるみたいにパッと思いつくものです。

山田　森にいると、そういう瞬間の連続になります。目や鼻、足、手、皮膚からあらゆる情報が入ってくるんですが、その中の何かがパッと意識される。なぜか気になる。突然、思いもよらない考えがやってくる。これは全部無意識の働きで、開くんだと思います。

前野　都会にいるときでも、無意識にはあらゆる情報が届いています。でも意識の働きが強くて、そのことに気づかない。

山田　ええ。普段は閉じてしまっている。だけど、森にいるとどんどん開いて、どんどんいろんなものが入ってくる。閉じているときは、知らないうちにそうした情報を弾《はじ》いているんでしょう。カメラのシャッターに似ていませんか？　シャッターが開いたときだけ、光が差し込んで像を結ぶ。閉じたら、何も映らない。感覚が開いてくると、開きっぱなしになって、いろんな絵が映る。

前野　感覚が開くというのは、無意識へのアクセスが開くことなんですね。

山田　そうだと思います。どうしてそうなるかはわかりませんが。

感覚は
ただ受け止める
ことが大切

山田　ひらめきって、突然来たように見えますけど、もともと人間の無意識にはいろんなものが降り注いでいるんですよね。

前野　そうだと思います。普段は意識のシャッターが閉じているから、アクセスできない。森だと感覚が開くから、自然にそれができる。

山田　もうひとつあるんだと思うんです。無意識にアクセスしても、それを受け取る準備ができないと、ビビッと来ない。

前野　ええ、そうですね。

山田　ぼくが「考えずに、感じてください」というのは、たぶんそのことと同じじゃないかと思います。その場ですぐ考えて、わかろうとすると、意識のシャッターがまた閉じてしまう。

前野　おお、なるほど。

山田　例えば、あそこにある木をなぜか気に入った。そこに意味を探してしまうと、木の種類やかたちといった部分で解釈して、わかった気になってしまいます。でも「なぜか気に入った。わからないなあ」という感じたままの状態で受け止めておけば、あとで焚き火を囲んでいるときに、ハッと「亡くなったおじいちゃんに似てるんだ」と思いもよらないひらめきにつながる。実際、森では、結構多くの人がそうした不思議な感覚になるんですよ。ですから、感覚はただ受け止めることが大切です。あとでひも解かれるから。

前野　その場では受け止めるだけにしておく。ひも解くのも無意識にまかせる。

山田　ぼくらは不思議なこと、説明できないことが起こると、不安になるんだと思います。できるだけ合理的に解釈しようとするし、オカルトやスピリチュアルな現象といった言葉で説明するのも同じ心の働きだと思います。でも、今この瞬間も、ぼくらに説明できな

8｜**デザイン思考**　「デザイン思考」「デザイン・シンキング」（design thinking）とは、既存の技術やマーケットをベースに論理的に発想する従来のロジカル・シンキングとは正反対に、生活者（人間）を起点にアプローチし、デザイナーの感性と手法を用いて、ユーザーのニーズと技術的な実現性、ビジネスとしての持続性を確保するための戦略を整合させていく手法。

いことは、きっとバンバン起きている。でも、それに気づくと不安だし、悩んでも解決できなくて困ってしまうから、意識を閉ざしているんじゃないかと感じます。

前野　デザイン思考[8]と似てますね。イノベーション発想法として注目されている方法です。オブザベーション（観察）するとき、仮説を持ち過ぎず、感覚を鋭敏にして、ただ受け入れ続けていると、いい発想にたどり着くというんです。

山田　おー！　同じですね！

前野　ブレスト[9]（ブレインストーミング）も、ロジックで良い悪いを判断せず、何でも受け入れていたほうが、いいアイデアにたどり着ける。基本的な精神は近いですね。

山田　評価や判断をしないで、ただそのままにしておくんですよね。ぼくが「森に行くと必要なものがわかる」というのは、そういうことなんです。正確にいうと、わかるというより、感じ取れる。意味はあとからついてきます。

9―ブレスト　ブレインストーミング(brainstorming)、ブレインストーミング法（ＢＳ法）の略。集団でアイデアを出し合うことによって相互交錯の連鎖反応や発想の誘発を期待する技法。次の４つの原則を守る必要がある。
①判断・結論を出さない（批判厳禁）
自由なアイデア抽出を制限するような批判は慎む。
②突飛な考えを歓迎する（自由奔放）
奇抜な考え方やユニークで斬新なアイデアを重視する。
③量を重視する（質より量）
さまざまな角度から多くのアイデアを出す。
④アイデアを結合し発展させる（便乗歓迎）
他人のアイデアを結合したり一部を変化させることで、新たなアイデアを生み出す。

感覚を開くこと、無意識を開くこと

前野　森に入ると五感が開く。これは脳にあるもの、無意識にあるものを出しやすくなるということですね。同時に、そこで浮かんだものに対して意味づけをしないで、ひとまず受け止めておく。これは無意識と意識とが開いている部分を閉じないようにすること。簡単にイメージ化すると、内側も外側も開いているといい。

山田　なるほど、そういう感じですね。

前野　普段は、内と外どちらに対しても、意識上にあることだけを道具に考えてしまっているのかもしれません。意識できることって少ないですから、内と外をつなぐ通路が細いんです。そうではなく、外もパカっと、内もパカっと開けるのがいい。なるほど。

山田　コーチングに似ていますね。コーチはできるだけ思いついたことを口にしたほうがいいんです。そうすると、たいてい役に立ちます。

前野　おっしゃってましたね。フィードバックすることになるとか。

山田　ええ。そういうとき、主題に直接関係なさそうに見えることほど、重要な手がかりになることが多いんです。脈絡はないんだけど、突然思いついちゃったということほど「それだ！」っていう展開になることが多い。

前野　へえ。

山田　きっと同じことなんでしょう。お互いの無意識にもともとそれはあった。そこに触れることができれば、響いてくる。理屈ではなかなか取り出せない。

前野　コーチングも感覚を開くことが大事そうですね。

山田　ブレストと同じで、流れに身をまかせていると自然にそうなると思います。「こちらに導こう」なんていう意志が入るのはダメです。シナリオを放り投げて、今起きていることに集中する。そうすると、結果的に良いところに到達します。膨大な知恵というか、無意識に関わる部分なのだろうと思いますね。

感じたことに名前をつけておく

前野　無意識から浮かんだことは、その場で否定したり、評価せず、受け止めるのがいいとおっしゃいましたね。それをひらめきが降ってくるまで、脳に留めておくコツってありますか？　人間は、理解できないこと、わからないことは、どんどん切り捨ててしまうと思うんです。

山田　ああ、ポストイットみたいなものですよね。今、初めて自分で気づいたんですが「名づけておく」ということをぼくはしていますね。先ほどお話しした「そこはかとない不安」はたぶん、それです。何度も繰り返し感じていて、自分を惹きつけるサインのようなものだと思ったので、忘れないようにラベルを貼ったんです。

前野　ポストイットですか。なるほど。

山田　強く感じていて、そこに「ある」んだけれども、意識化しないと「ない」のと同じことになってしまう。そういうものって、あまりにも多いんです。「ある」ということにだけ印をつけておけば、あとでひも解ける。そういうことをしてるんだと思います。

前野　ブレストでもホワイトボードにポストイットを貼ったりしますが、それを自分の脳の中でやるんですね。

山田　今、初めて自分で考えてみました（笑）。たぶん、そういうことですね。何かのサインだと思っても、感覚でしかとらえていないから、そのままにしておくと忘れちゃうんです。考えてもわからないし、無理に意味づけすると、間違えてしまいます。そういうときに、ひとまず名前をつけておく。「そこはかとない不安」なんて目に見えないので、余計にそうです。

前野　なるほど。

山田　これは、手のひらの上に載せておくような方法なのだと思います。ただ名づけて、ときどき眺めている。そうすると、ある日パッとわかる瞬間が来る。あるタイミングで、無意識からフッと入ってくる。

前野　無意識とつながるまで、サインへのアクセスが切れてしまわないようにする技術なんですね。

森との対話、無意識との対話

前野　たしかに森で過ごしているときは、自分が何を受け取っているのかわからない。ただ感覚が開いている感じだけがある。でも、あとで博さんや他の参加者の方たちと言葉を交わしていると、フッとわかる。「感じたこと」って言葉にしづらいんですが、右脳と左脳を行き来させてるうちに、いろんなことに気づくし、不思議なくらい伝わるんだなと感じました。

山田　ぼくはこのプログラムを、自分との対話、人との対話、森との対話だと考えています。ずっと一人で過ごしているとまた違うんですよね。

前野　なるほど。それはまったく違いそうですね。

山田　前野さんがアクセスしようとしている膨大な知恵の領域が、無意識にはある。でも、膨大すぎて、すべてにはアクセスできない。ぼくにもそういうものがある。前野さんと重なっている部分もあるかもしれないけど、とりあえず別々です。でもぼくも自分の無意識にアクセスしきれない。

前野　ええ。無意識にはあらゆる情報が集まっているから、意識的には処理しきれません。

山田　そこから手がかりになりそうなものを意識の働きで言語化して、外に投げる。これが会話でしょうか。誰かがそれをキャッチして、その人の知恵の領域（無意識）にある近いものを投げ返す。それを互いにやっていくと、それまでアクセスできなかった部分に、各自が「あ！」とつながるというイメージです。

前野 うん、そういうことでしょうね。開いている会話だと、そういう豊かなやりとりになります。意識にあるものだけで意味づけや評価をしちゃうと、それだけで終わっちゃう。

山田 「そのままにしておく」という心の働きって大事ですね。起こったことに手をつけないで、眺めている。

前野 人と人がそういう対話をすると、広いところが使えるんです。みんなの森を使っているんだと思うとおもしろいですね。みんなで、ぼくの森を使ってねなんて。

山田 イメージが広がりますね。森との対話って、もしかしたら、自分の中にある膨大な無意識の知恵との対話かもしれません。

前野 そうかもしれません。

山田 ネイティブ・アメリカンはそのことを知っていたと思います。森にある膨大な知恵を彼らは「大いなる存在」とか「大いなる神秘」（グレート・ミステリー）と呼んでいました。そこにアクセスする手段は「そこにいる」ことだといっているんです。何も考えずに、森にいればいい。彼らは経験的にそのことを知っていた。

都市に森の知恵を持ち込むコツ、「ゆっくり」

前野　都市で生活しながら無意識を開く方法はありますか？
山田　ぼくの言葉でいうと「感覚を開く」ということになりますね。
前野　ええ、同じだと思います。感覚を開くコツ、いいですね。
山田　感覚を開くコツは「ゆっくり」です。これなら森に行かなくてもできますし、特別に用意するモノは何もありません。スピードを落とすこと。普段やってることのスピードを半分にしてみるんです。
前野　ゆっくり歩く？
山田　歩く、話す、呼吸、食事、なんでも構いません。いろんなことをやろうとするより、ひとつのことをずっと続けて欲しいなと思います。例えば、歩くスピードを半分にする。一日中は難しいでしょうから、毎朝バス停まで歩いているなら、それを半分の速度にするだけで構いません。ただし、一カ月間は続けてみてください。そうすれば、かなり開きます。直感も鋭くなるはずです。自分でもやってみましたが、驚くくらい違います。
前野　そんなに違いますか。
山田　はい。コーチングでクライアントさんにお勧めすることもあります。実践してもらうと、たいていの場合、大きな変化がありますね。感じ方、モノの考え方が変わったとおっしゃいます。

前野　それはすごい。
山田　日常生活でいちばんやりやすいのは呼吸かもしれませんね。思いついたときに10回、ゆっくりした呼吸をする習慣をつける。これなら簡単でしょう。それだけでも効果はあります。なんでもいいんです。歯磨きでも構いません。
前野　歯磨きならできそうですね（笑）。
山田　本当に何でも構わないのですが、できれば、自分がゆっくり行動していることを自覚して、感覚を研ぎ澄ませて欲しいんです。普段は意識にのぼってこないものが、感知できるはずです。歯磨きでも、本当にゆっくりゆっくりやれば、毛先が歯茎に当たる感じがわかる。「お、今、奥から3番めの歯の裏に当たっているな」と気づく。
前野　ああ、それも普段はまったく意識しないで切り捨てている触感ですね。
山田　ええ。いつもは意識のシャッターが閉じていて、感知できない感覚に意識を向けて欲しいんです。ゆっくり歩くと、花が咲いていることに気づいたり、見慣れた景色がどんどん変わるでしょう。それに意識を向け続けることで、感覚が開くんです。
前野　無意識にあったものとつながることができるというわけですか。
山田　はい。これ、特殊能力じゃないんです（笑）。
前野　誰でもできる。

山田　もちろん、できます。

森だったらどうするか

前野　いやあお話をしていて、改めて驚きました。森には本当に豊かな知恵が満ちているんですね。

山田　森の知恵は膨大すぎますよね。見えていない部分、例えば土の中に住んでいる微生物もまだごく一部しか見つかっていないし、その性質や働きなんてほとんど未知の世界です。森が備えているすべての知恵を母数にしたら、ぼくらなんて何も知らないに等しいと思います。

前野　考えてみると、本当にそうです。感じるという意味では、森の土はいい匂いがする。安心できる気がします。（実際に手にとって嗅ぐ）これ、持って帰ろうかなあ。

山田　丹波地方で有機農業をずっとなさっている方と話したことがあるんです。長年いろんな工夫を重ねてきた結論は「自然にまかせるしかない」だとおっしゃっていました。人間ができることはほんの一部で、ほとんどは土がやってくれる。ものすごく共感しました。

前野　同じですね。

山田　なぜかというと、土の中で起きてることなんてまったくわからないからなんです。わからないことは、なんともしようもない。そこはもう土におまかせして、人間は毎日できることだけをやる。そうすると、うまくいく。

前野　すごいなあ。

山田　ですから、この会社も森のように運営したいんです。

前野　森のように営み、育てるわけですか。

山田　はい。そのために、森だったらどういうふうに発想するのか。どのくらいのスピードになるのかをいつも話し合っています。

前野　ぼくは博さんの言葉にだいぶ慣れてきていますけど、でも「森ならどうするか」という思考法は衝撃的ですよね。

山田　そういう会話を普通にしてるんです。とはいえ、やはりぼくたちは森ではないので、全部はわかりません。

前野　そうですよね。人間は森じゃない（笑）。

山田　ですから繰り返し森に入り、できるだけ近づいて、そこで気づいた森の発想を生活やビジネスに取り入れようとしている。「森へ」という会社がなぜあるのか。森を感じて、そこから学び取る力を利用して運営し、その力を人間が思い出すために貢献したい。

前野　なるほど。実際に森に入ってみたから、その意義は実感できます。この対談を本にして文字で伝えても、なかなか伝わらないかもしれないなあ。

山田　ははは（笑）。考えるより、感じる部分ですから、そうかもしれませんね。

前野　少しでも伝わるといいんですけど。

森と都会に橋をかける

前野　森で過ごしたあと、新幹線で東京に帰るとすごい違和感があるんです。いきなり文明社会に戻っていく感じがすごくします。

山田　何もかもゆっくりしたペースで過ごしていたところから、一気にものすごいスピードで元の世界に連れて行かれますもんね。

前野　でも我々は帰らなくちゃいけない。

山田　そうなんですよね。「このまま森で暮らしましょう」というわけにはいきません。そんな生活はもうできない。今の文明を捨てて、縄文時代に戻りましょうなんて、望まない人もたくさんいるでしょう。だから、今日話しているようなところと、都市との生活に橋をかける必要があると思っています。両方をうまく並び立たせることができたらいいですね。

10―徳島の神山町　徳島県名西郡にある町。徳島市内から車で約50分。人口は約6000人弱で高齢化率は46％に達する山間部の過疎の町だったが、2012年から転入者が転出者を上回った。徳島県が県内全域に光ファイバーを整備したことと地元のNPO法人グリーンバレーの尽力で、サテライトオフィスを置くIT企業やクリエイティブな人材が集まりはじめ、それらの人々が新しい場を創る好循環を生み出した。

前野　ＩＴを活用して、徳島[10]の神山町《かみやまちょう》、島根[11]の海士町《あまちょう》のように自然豊かなところに移住して働く人が増えているケースもありますね。ああいう暮らし方にも憧れます。

山田　リタイア後に田舎に移住したいと希望している人は年々増えているそうですね。その日に備えて準備したり、お金を稼いでおこうとしている人も多いんじゃないでしょうか。

前野　できればリタイア後なんていわず、すぐにでも移住したいですよ。インターネットがあればかなりのやりとりはできるし、そのための仕組みをデザインしてみたいなあ。

山田　それはぜひ、つくって欲しいです。

前野　でもやり過ぎないようにしないといけないんですよね。

山田　そうですね。もう実行しはじめている先駆者はたくさんいます。そういう方々の知恵を集めたら実現できるのではないでしょうか。まだ具体的な形は見えませんが、これからの社会には、森のような知恵が必要になると思っています。

11―島根の海士町　島根半島沖合約60キロに浮かぶ隠岐諸島のひとつ、中ノ島にある町。約10年前には財政破綻や過疎化の危機に瀕していたが、山内道雄町長が大胆な行財政改革と産業創出に取り組み、豊富な海の幸や隠岐牛を商品化して全国で人気に。人口約２４００人のうち、島外から移住してきた人は1割に及び、その多くが20代から40代の働き盛り。少子化で統廃合寸前だった高校にも全国から生徒が入学し異例の学級増に。全国から視察が絶えない自治体となっている。

山田博さんとの対談を終えて

本書に登場いただいた4名の方々のうち、もっとも古くから交流があったのが山田さんです。これまで何度も会話をしているはずなのですが、改めて対談という場で交わす言葉はやはり新鮮でした。対談でも触れていますが、山田さんの話し方はとてもゆっくりで、心地良く、安心できるテンポです。しかも今回は森の中での対話でしたから、刺激的なだけでなく、非常にリラックスした、幸せな時間でした。

合氣道は「身体と無意識」、仏教は「心と無意識」の関係だったとすれば、ここでは森という「世界と無意識」の関係についての話をうかがったのだと思います。山田さんは日々の生活で生じた「そこはかとない不安」が、森に入ることで「根拠のない大丈夫感」に変わるとおっしゃいました。前者はマイナス、後者はプラスの感情ですが、ポイントはどちらも言葉に直すことの難しい、とらえがたいボンヤリしたものだというところだと思います。だからこそ「そこはかとない不安」は意識によって自覚しにくく、解決できず、苦しいのです。そして「根拠のない大丈夫感」は、通常の理屈を超えた無意識から来る安心感なのではないでしょうか。

山田さんは以前から、森がこうした効能を持つ理由を「わからない」とおっしゃっていましたが、今回はさらに踏み込んで、「わからないほうがいい」「わかってはいけない気がする」とおっしゃっていた点が、興味深く刺激的でした。おそらく、現在の科学の言葉を使っても「大丈夫感」に、ある程度の根拠を与えることは可能でしょう。しかし、そうしてしまうと、わたしたちが無意識のうちに感じ取っている本質的な安心感を失うことになるのではないか。わたしには、山田さんがそう感じているように見えました。

わたしは研究者なので、科学の根本である「わかりたい」という欲求があります。そのため、「わからないほうがいい」のハードルは高いですが、それでも「感じること」「証明する前にひとまず受け入れてみること」の大切さを自分の研究にも生かしていきたいと思いました。

コーチングのプロフェッショナルでもある山田さんは、こうしたとらえがたい物事にアプローチするための方法として、心に浮かんだ意味不明なサインを「名づける」ということをなさっていました。これは、無意識からのメッセージを、ひとまず意識しておくためのテクニックなのだと思います。ここで重要なのも、すぐに否定したり、その場で意味づけをしないこと。そうすることで、無意識に感じたことを的確に受け取ることができるのでしょう。仏教における念仏、合氣道の氣や臍下の一点も、理論的な意味づけをあえて避けることで、人々の役に立ち続けてきたものでした。みなさん、同じようなことをされているのではないでしょうか。

なお、この対談はどこかで鳥がさえずり、何かの虫が羽音をたて、風を受けた草木がたなびく森でおこなわれました。ですから、わたしも山田さんも、話しながら空を見上げたり、なんとなく足元の落ち葉を踏み鳴らしたりしています。自然と沈黙が訪れるシーンも少なくありませんでした。しかし、こうした無意識の動作や沈黙も、言語化されない無意識下でのコミュニケーションだったのだと思います。

残念ながら文字にはあらわすことはできませんが、実際に言葉にできた内容以上に豊かな情報が、この対談には含まれていたのだと思います。もしかするとわたしたちは「森の話をしている」ようにみえて、じつは「森が話していた」のかもしれません。その雰囲気だけでも感じ取っていただけたなら幸いです。

無意識を整える習慣

- 委ね、手放し、まかせる
- ゆっくり歩き、ゆっくり話し、ゆっくり呼吸する
- 感覚を鋭敏にして開き、考えずに感じる
- わかろうとし過ぎず、わからないままにしておく
- 漠然とした思いつきに名前をつけ、忘れないようにする
- 一点を注視するのではなく、ワイドアングルビューで視る
- 「森だったらどうするだろうか」と考えてみる
- 森に行く

無意識対談④×稲葉俊郎

東京大学医学部附属病院　医師

稲葉俊郎　いなばとしろう

医師。東京大学医学部附属病院循環器内科助教。
1979 年熊本県生まれ。
2004 年東京大学医学部医学科卒業。
2014 年東京大学医学系研究科内科学大学院
博士課程を卒業（医学博士）。
専門は血管の中から心臓の治療をおこなう
カテーテル治療や先天性心疾患、心不全など。
登山やクライミングが趣味で、東京大学医学部山岳部の監督、
涸沢診療所の所長（夏季限定山岳診療所）も兼任する。
週に一度、在宅医療の往診もおこなっている。
さまざまな伝統医療、補完代替医療、
民間医療にも学生時代から接している。

2歳児の思考

前野　稲葉さんの書かれた「いのちの歴史と未来の医療」（サンガジャパン Vol.21：2015 Summer）という文章を読んで驚きました。心臓を専門にする現役の若い内科医の方が、東洋医学だけでなく、その精神、心の問題にも大胆に踏み込んで、宇宙や調和といった壮大なビジョンで「医療」を論じておられる。どういう経緯で、こういう大きな視野を持たれるようになったんですか？

稲葉　もともと体がすごく弱かったんです。幼いときは病気ばかりしていて、まわりからは幼くして死ぬだろうと思われていたくらいでした。家族やいろんな人の助けがあってこうして今も生きているのですが、心や体の問題は、極めて切実な問題として当時からずっと毎日のように考えていたんです。2歳か3歳くらいの自分が、病室でそういうことを考えていたのを覚えています。

前野　2、3歳で？

稲葉　はい。当時は今よりもっとメタフィジックス[1]で抽象的なことを考えていました。無事に助かってからは、やっと物質的な世界を

1—メタフィジックス　形而上学（Metaphysics）の意。世界の根本的な成り立ちの原因や、物や人間の存在の理由や意味など、見たり確かめたりできないものについて考え、世界の普遍的な原理について理性的な思惟によって認識しようとする学問や哲学の一分野。

思考するようになりました。3歳くらいまではかなり抽象的な世界にいたのを覚えています。絵画でいえば、パウル・クレー[2]のような世界です。

前野　2歳の記憶って普通は覚えてないいんじゃないですか？

稲葉　多くの方は忘れているだけなんだと思います。あまりにも抽象的すぎる世界ですし、言語を介さない世界ですので、言語を母体として思考すると思い出しにくいだけなのだと思います。成長の過程で、ある特定の言語を学習しますよね。日本語にせよ、英語にせよ、その巨大な言語システムを学習する過程で、幼児期の思考は瓦礫の下に埋もれてしまう。何かの拍子に、地下水のように湧き出して、何かふと「言葉にならないもの」を思い出すとか、そういう感じなのだと思います。言語を介さないイメージ世界はそういうものに直結していますよね。ぼくのように、死に瀕したことを「今ここ」のように覚えている人間は、その非言語の世界が常に露出している感じなんです。

前野　なるほど。強烈な体験をしてるから、忘れずにいる。

2―パウル・クレー（1879〜1940年）20世紀のスイスの画家。カンディンスキーらとともに青騎士グループを結成し、バウハウスでも教鞭をとった。キュビズムからの影響に加え、民族美術、幼児の絵にも大きな関心を持ち、童画のような画風、色面で構成した純粋抽象、繊細でセンスを感じさせる線描など、多彩な表現を展開した。

稲葉　はい。今この瞬間の体験のように、常に思い出せます。比べてみると、あのときのほうがもっとマジメに人生を考えていた気がしますね。

前野　今はマジメに考えてないんですか？

稲葉　そういうわけではないですが（笑）。でも、子どものときのほうが、もっと切実に必死に宇宙的な視点で森羅万象を考えていましたね。

前野　ぼくは7歳くらいのときに、宇宙はどうできているか、心はなぜあって、それは身体とどうつながっているんだろうといったことを考えた記憶が残っています。これはたぶん言語化できるようになった最初だから、覚えてるんでしょうね。

稲葉　ええ。インパクトがあったことは、記憶として思い出しやすい、という仕組みなんでしょうね。自分は先天性心疾患も専門にしていますので、医師としてお子さんと接する機会も多いのですが、彼らはぼくより、相当に進んだことや本質的で根源的なことを考えている存在だと思っています。ただ、言語化できないだけで。宇宙の真理もダイレクトにとらえているんじゃないかと感じます。だからこそ、そういう姿勢で子どもたちと接するようにしているんです。

子どもとの無意識コミュニケーション

前野　なるほど。そういうふうに接すると、違いますか？　子どもから特別なメッセージを受けとれたりするんでしょうか。

稲葉　それはもう山のようにあります。まだ正統的な医学ではちゃんと取り上げられてない、胎内記憶（胎児のときの記憶）を話してくれる子もいます。大人の患者さんが、臨死体験や不思議な体験を話してくださることもあります。ぼくのほうから「話してください」とは、いったことないんですけど（笑）。

前野　いわなくても、向こうからいい出すんですか。

稲葉　ええ。突然、ポロッとおっしゃるんです。だからぼくにとっては日常的な出来事なんですが、「そんなの一度も聞いたことがない」という医師もたくさんいます。

前野　どうしてそういう違いが？

稲葉　コミュニケーションって、常に相手に選択されていると思うんです。「この人ならこの話をしても大丈夫だ」とか「この人は絶対にバカにするからやめておこう」とか、そういうことをみんな無意識の中で探りあっているんですよ。

前野　ああ、無意識のコミュニケーションですね。

稲葉　はい。微細な表情、皮膚感覚で「この人は話してもOKだ」と無意識に判断できると話してくれる。しかも、聞いているときの反応もすぐ察知されて「冗談だけどね」って打ち切られてしまうこともあります。

前野　ああ、わかります。

稲葉　ぼくは、人間が想像できるものはすべてこの世界に存在する、もしくは存在していても何も不思議ではない、という自由なとらえ方をしています。そういう自分のスタンスが、相手に非言語的な交流として伝わっているのだと思いますが、珍しい不思議な話をよく話してもらえるんです。光栄なことですね。

前野　稲葉さんは無意識のコミュニケーションの回路が「開いている」感じなんですかね。でも我々は小学校以来、西洋的な教育を受け、科学や論理で説明できないものは存在しないかもしれないということを学びますよね。そういう教育のある意味最高峰にまで行ったのに、それに毒されずにいるわけですね。

稲葉　どうなんでしょうね(笑)。ただ西洋的な科学の世界観は、あるルールの枠内でのゲームのようなものとして、一歩引いたスタンスでとらえています。科学はいろいろと便利なものも生み出した、極めて重要な思考法のひとつです。状況によっては科学のような輪郭線が明快な方法論も必要でしょう。ただ、それは世界の一部でしかありません。さらに先のことを見据えたら「科学的に正しいか間違いか」という一部の世界観だけで、これからの時代とシンクロして生きていくのは難しいでしょう。この世界はもっと多様な世界が折り重なっている、という点を押さえていないと、狭い水槽に入れられた生きづらい人生になると思っています。

前野　2歳でそこまで考えたわけじゃないですよね？

稲葉　もちろん（笑）。ただ、言語化できないだけですから、正確なところは自分にもわかりませんよね。高校生くらいのときに医師になろうと決めて、それからはひとつの方法論としての論理世界、言語世界にチャレンジしていこう、という決意のようなものはありました。

前野　ぼくは逆なんです。中学生くらいの頃、心や宇宙について考えるのを一度封印しようと思ったことがあるんですよ。哲学者になるならいいんだけど、それだと生活も安定しなさそうだなって考えちゃった。エンジニアとか科学者とか、自分が取り組む世界を狭めようとしたんです。

稲葉　ぼくはずっと封印していないので、常にある。青春真っただ中です（笑）。

子どものときの宿題に取り組む

稲葉　抽象的な思索をやめようという発想は、例えばギリシャ哲学の人たちにはなかったと思うんです。毎日考えて哲学することがベースでした。だからこそ、あれだけのことができた。

前野　そうでしょうね。近代西洋主義はプラトンが出てきたあたりが起源で、古代ギリシャまでは、東洋も西洋の思想もそんなに違わない。

稲葉　そう思います。でも、ひとつ見落としてはならないのは、ギリシャ時代に抽象的な哲学体系があれだけ発達した背景には、奴隷制があったという事実です。当時は労働をレベルの低いものだと考え、肉体労働を奴隷という存在に押しつけていたのです。そのおかげで、働かなくていい階層の人々に余暇が生まれ、自由に思索世界へと没頭できた。昔の科学者を見ていても、貴族やお金持ちで、自分で稼がなくてもいい立場の人が意外にたくさんいます。ただ、やはりこの構造は歪んでいると思うんです。科学を志すものとしては礼賛できません。当時の人類も、ここを乗り越えないといけない、と思ったはずなんです。

前野　なるほど。

稲葉　ぼくはこの歪みや矛盾を乗り越えようとして、現代にはロボットが発明されたと思うんです。別の言い方をすれば、奴隷制という非人道的なあり方を克服しようとして、人間はロボットや機械をつくってきたんじゃないでしょうか。

前野　その通りだと思います。ロボットに限らず機械全般が発達したことで、労働は軽減され、個人が自由に使える時間は増えたはずです。

稲葉　そうですよね。それなのに、実際にはその機械のメンテナンスを含め、機械が出現したことで新たに生まれた問題に大量の時間をとられている。機械を生み出した大元の理由を忘れてしまっているから、逆にテクノロジーに支配されているんじゃないかと感じます。そうではなく、むしろ古代ギリシャのような、みんなが当たり前に哲学していた時代に戻らなきゃいけないんじゃないかと思うんです。

前野　なるほど。古代ギリシャから２５００年くらいかけて、文明は奴隷制という矛盾を解消しつつある。今こそ原点に戻って、人間はもっと思索をするべきということですね。

稲葉　はい。自由になった時間はそこに費やすべきものだと思いますね。とにかく考えるのです。考えて考えて考え抜く。本気で哲学するのです。

前野　ぼくもそんなイメージを持っています。

稲葉　ですから、ロボットの開発をなさっていた前野先生が、ヒューマンインターフェースを経て、脳科学や幸福学に向かわれたというのは、まさにその人類史の古層、人類がどのように「意識」を成長させてきたのか、そういう意識の歴史をなぞっておられるんじゃないでしょうか。本来、そっちに行くはずだと思うんです。

前野　おお、なんと（笑）。ぼくの人生は、人類史をたどる旅になってたんですか（笑）。

稲葉　でも、多くの人は目指すべき方向をすっかり忘れて、テクノロジーの発達自体に集中し続けています。本来の目的が何だったのか見失っているように思います。医療の世界も似たところがあります。そもそも、医療とは何をするものなのか、そういう本来の目的を見失っています。だから、根源的で原理的なことを考えるために、哲学的な思考に定期的に立ち返る必要があると思うんですね。今こそみんなで考えられるじゃないですか、子どものときの宿題を。

前野　子どものときに考えていたいろいろな問題、たしかにまだ答えられていないですね。ただ、従来の枠を越えて「考える」時代にだんだんなっている実感はあります。哲学的にもポストモダン[3]の流れはちょっと東洋的ですし、経済学でも幸福とは何かが論じられるようになってきました。

そもそも科学とは何だったのか

稲葉　はい。経済学でさえも「そもそもなぜこの学問が生まれたのか」と、そもそも論に帰ろうとしている。資本主義はなぜ生まれたのか、という原点に戻って考えること。これは非常に大事だと思うんです。そもそも医療が生まれたのはなぜなのか。その根源的

3 ―**ポストモダン**（postmodern）モダニズム＝近代主義がその成立条件を失った時代を意味する。ポストモダニズム（Postmodernism）とは、そのような時代を背景として成立した、モダニズムを批判する文化上の運動を指し、哲学・思想・文学・建築の分野で主に用いられる。

な目的をちゃんと考えると、人類の歴史だけでも、古代ギリシャでおこなわれた数々の哲学的な思索、ブッダが瞑想してたどり着いた涅槃（ニルヴァーナ）の境地に考えが及ぶでしょう。その先をぼくらは積み上げていかなくちゃいけない。そこまで学んで終わりではなくて、さらにその次へとさらに深みへと発展させていかないといけない。弟子は師匠を超えていき、そして思想や哲学は受け渡され続けるのです。それはまさに「今」じゃないのかという、ある種の切実さを感じるんです。

前野　そういう意味では、マインドフルネスが流行っている西洋のほうが、回帰しつつある感じがしますね。

稲葉　やっぱり、自分が今いる場所より、隣の花のほうがきれいに見えるということはありそうです。だから日本人も日本や東洋にあるものの良さを感じるより、西洋的なものをむしろ上等なものだとしてありがたがり、取り入れてきたのでしょう。それまでの日本人は自然と一体化した中で生きていた。自然科学のように自然との関係性を切断し、客観化したり対象化したりできない感性を持ってい

4—**柳田國男**（やなぎた くにお／1875～1962年）日本の民俗学者・官

たんだと思います。

前野　ええ、そう思いますね。

稲葉　自然、暮らし、衣食住、祭り、芸能、精神世界、医療……すべてが自然の中で一体化していた。それをぼくらは忘れかけそうになってるんじゃないかと思います。民俗学者の柳田國男[4]、折口信夫[5]、宮本常一[6]……の感じていた切実さは、そういうものだったと思います。それで民俗学の映像の上映会を定期的にやっているんです。

前野　そうなんですか。

稲葉　民俗学の知識をみんなでシェアし、どんな未来をつくりたいかを話しあっています。過去の人たちが次の世代に託した祈りや願いがあり、命は続いている。祈りはいろんな形で残っている。数世代前の人たちの願いを思い出すためにやっているつもりです。

前野　全部勉強しなくちゃいけませんね。ギリシャ以降の学問はどんどん細分化して、細かいことをやってきたから、民俗学も医学も脳科学も心理学も宗教も全部勉強しないと、ギリシャに戻れない。すごく勉強しなければならない。

僚。「日本人とはなにか」を探求し続けた日本民俗学の開拓者。日本列島各地や当時の日本領の外地をフィールドワークし、東北地方の伝承の記録『遠野物語』ほか多くの著作を残した。

5―**折口信夫**（おりくち しのぶ／1887～1953年）日本の民俗学者・国文学者・国語学者で、釈迢空（しゃくちょうくう）と号した詩人・歌人でもあった。柳田國男の高弟として民俗学の基礎を築き、その研究成果は「折口学」と総称されている。

6―**宮本常一**（みやもと つねいち／1907～1981年）日本の民俗学者。柳田國男の研究に関心を示し、生涯にわたって日本各地をフィールドワークし続け、膨大な記録を残した。漂泊民や被差別民、性などの問題も重視し、生活用具や技術に関する「民具学」という新たな領域なども提唱した。

稲葉　そうですね。勉強しなくちゃいけないと思います。ただ、必ずしも一人で孤立してやる必要はありません。人体も長い歴史の中で、約60兆個の細胞に多細胞化してきました。これは各器官の分業化、専門分化であるのと同時に、調和・協力の歴史でもあります。それは人類全体にもいえるんじゃないでしょうか。せっかくこんなに大勢いるんですから、みんなで協力して、人類の知恵を結集して深めればいいんじゃないかと思います。

前野　グローバルネットワーク社会はそれを可能にしていますね。

稲葉　まさしくそうですね。みんながそういう方法を無意識的に求めていて、テクノロジーと融合して、現実化させたんじゃないかとさえ思います。

前野　これからは、専門のことだけをやるんじゃなくて、みんなで知恵を出し合いながら考える。

稲葉　それが学問の本来の姿だと思いますね。

前野　新しい時代が来ますね。

稲葉　それが必然だと思っているんです。「そもそも何だったんだろう」という原点に立ち返りながら、対話していくことで、創造、[7]創発をやらないといけない。そうでないと、何のためにこの技術を生み出したのかすっかりわからなくなってしまいますよね。

美に昇華する、日本の医療

前野　稲葉さんのご興味は民俗学も含めたものということになるんですか？

稲葉　まあ、生命活動全般です（笑）。

前野　おお、なるほど。すべての学問といってもよさそうですね。

稲葉　最初はいわゆる「医療」という狭いところから入ったんです。その歴史を調べていったときに二つの発見がありました。ひとつは先ほどお話しした民俗学と医療との関わりです。日本には自然と一体化した中で、医療や衣食住の問題が総合的に入ってくる。ここを研究してきた民俗学を受け継いで、医療につなげていきたい。

前野　ええ。

稲葉　もうひとつは、日本の医療の歴史には長い空白があるという点です。

前野　そうなんですか？

稲葉　ええ。約5000年前にインドでアーユルヴェーダ[8]が生まれ、中国に渡って中医学[9]になります。中医学は仏教医学や道教医学の混

7—**創発**　（そうはつ／emergence）部分の性質の単純な総和にとどまらない性質が、全体として現れることを指す。局所的な複数の相互作用が全体に影響を与え、その全体が個々の要素に影響を与えることによって、新たな秩序が形成される現象。

8—**アーユルヴェーダ**　紀元前10～6世紀にまとめられたとされるインド大陸の伝統的医学。サンスクリット語のアーユス（寿命・生気・生命）とヴェーダ（知識・科学）を組み合わせた「生命科学」という意味。医学のみならず、生活の知恵、生命科学、哲学の概念も含み、病気の治療や予防だけでなく、より良い生命を目指す。健康の維持・増進や若返り、幸福な人生、不幸な人生とは何かまでかを追求する学問。

合のようなものです。陰陽五行の考え方も入っています。それが発達して、仏教の伝来とともに日本にやってくる。そこで初めて日本の医療の歴史が始まるとされています。そのあとは中医学がずっとあって、そこをベースにして漢方の後世派や古方派などが生まれ、蘭学、ドイツ医学、アメリカ医学が入ってきて、現在があるという年表になっている。それはおかしいと思ったんですよ。

前野　おっ。

稲葉　素晴らしい文化や伝統を生み出してきたこの国に、医療の歴史が存在しなかったわけはない。未来の医療を考えるなら、その流れの中でやらないと、絶対に根付かないだろう。そう思って、大学生の頃からずっと考えていたんです。

前野　うーむ。わかったんですか？

稲葉　はい。古事記や万葉集や風姿花伝を読んでいて、突然わかったんです。日本においては、美が医療の役割を果たしていたんだと。

前野　え？　美ですか。

稲葉　例えば古事記には領土や女性について、さまざまな葛藤が起

9 — 中医学　東洋医学、中国医学、中国伝統医学とも呼ばれ、中国を中心とする東アジアで行われてきた伝統医学。前出のアーユルヴェーダ（インド伝統医学）やユナニ医学（ギリシャ・アラビア医学）と共に世界三大伝統医学に数えられ、相互に影響を与えたと考えられている。近年は欧米でもTraditional Chinese Medicine（TCM＝伝統中国医学）の名称で、補完・代替医療として広くおこなわれている。

きるシーンが描かれています。西洋の物語では、だいたい登場人物のどちらかがヒーローになり、相手を倒したり、殺したりして解決するんです。ところが古事記や日本の古典では、かなしみや死などの受け入れがたいものをなんとか受け入れようとするとき、和歌の交換がおこなわれたり、舞いがはじまります。葛藤がいきなり美や芸術に昇華されてしまうんです。

前野　ほお。

稲葉　日本の神髄はここにあるんだと思いました。「医学」という学問の次元で考えれば、病気を治した、治せなかったという話で終わってしまいます。そういう二元論の構図じゃなくて、日本では、そういうものを「芸術」とか「道」という美的な世界へと高めていたんじゃないかと思うのです。

前野　「道」というのは、東洋の芸術のことですか？

稲葉　そうです。茶道、華道、武道、香道、書道……、他にも神楽、能楽、狂言、歌舞伎、雅楽、人形浄瑠璃……といった世界には、それぞれ決まった「型」や「呼吸法」といった身体的な知恵がありますよね。また、心を整える技法もあって、これらの道を学ぶことで、心身一如は当たり前のように身につくわけです。心を整えることが体を整えることであり、体を整えることが心を整えることになるわけです。

前野　ふうむ。

稲葉　しかも、道では、必ず人格も問われます。西洋の感覚では、スポーツ選手は、その競技での技術だけが重要です。人格や素行に問題はあっても、技術さえ巧ければ名選手です。人格と肉体機能の優秀さは別問題なわけです。ただ、日本の伝統では、その道の達人や名人は人格者になっていくのです。人として、存在として、「道」の中で完成されていく「道」なわけですから。人格も体も心もすべて同じものの違う側面で、その全体性の発達こそが重要なことだとされるんです。薬物中毒者なんていない（笑）。これは、心と体を整えていくことが一体であり、同時に人格の発達でもあるという考え方から来るものです。しかも、さらに同時に美の世界としての芸術でもある。お花はわかりやすいですが、茶道も、武道でさえも究極は美の次元に高めています。このように日本では、人間の心と体についての知恵が、すべて芸術に高められている。だから、日本の医療の歴史を調べたときにそれが全然出てこないんだと思ったんです。

能楽に隠れている未来の医療

前野　おもしろい。中医学が入ったあとも、そのやり方は続いていますね。

稲葉　そうです。世阿弥[10]は室町時代に、河原者として低く見られていた芸能の世界を、総合芸術にまで高めています。シェークスピアより200年くらい前の人です。じつは今、能を習っているんですよ。能楽に秘められた心と体の知恵を知りたいと切実に思いましたので。学びは、頭ではなく体でするものだと思っています。世阿弥が圧縮保存したものを現代人がうまく解凍できていないから、その深い意味を適切な形で解読できていないだけなんだと考えています。

前野　それを解凍する作業をしようということですか。

稲葉　ええ。これが未来の医療につながっていて、日本が世界に発信できる普遍的でグローバルな医療になると思っています。なぜなら、体や心は共通ですから。

前野　こうしたものは、日本にだけあるんでしょうか。

稲葉　どの国にでも丁寧に探せばあるのかもしれませんね。少なくとも日本はこうした芸術に対する意識が強く、現代まで伝えることのできた美の国だったのだと思います。そして、日本がまとまった国として続いている歴史の長さも関係しているのかもしれません。

前野　忘れ去られずに、生き残ってきたからこそ、学べる。

10―世阿弥　（ぜあみ／生没年不詳）日本の室町時代前期の大和猿楽結崎座の猿楽師。父の観阿弥（かんあみ）とともに、能を大成し、多くの書を残す。観阿弥、世阿弥親子の能は「観世流（かんぜりゅう）」として現代に受け継がれている。

稲葉　科学技術がこれだけ発達しても忘れなかったのは、やはり、みんなが深いところでは大切に思ってきたからなのでしょう。その空間に花が一輪あるだけで場が整い、心が整い、体が整う、という発想は、最先端の心理療法にも勝ると思います。ここにも無意識や潜在意識、深層意識への目配りが入っている。これは最先端の医療や養生法ともいえると思うのです。

前野　古事記は神話の一種ですね。日本に限らず世界中の神話には国境や文化を越えて通底している部分がある。そこには古代の知恵があったと思われるんですが、多くの文化圏では失われてしまっています。

稲葉　失われたり、本質を忘れて、現代的な解釈をしてしまっていると思いますね。トラブルをヒーローが解決して、かわいそうな人を助け、ハッピーエンド、みたいなわかりやすい英雄譚になりがちです。

前野　ネイティブ・アメリカンの伝説にも残っていたりしそうです。

稲葉　ありますね。ネイティブ・アメリカンやアマゾンにはいろいろな知恵がありそうですが、これまではマイノリティの古い文化として、軽視したり、見ないふりをしてきたんだと思います。でも、人間が少しずつでも進化するものだとしたら、心に関する問題は、絶対にいつか思い出すことになる。どれだけ瓦礫の下に埋もれていても、必ず何らかの形で現象世界に表出してくるでしょう。社会問題であったり、いろんな形でメタフォリック（隠喩的）に表出していくものだと思います。

伝承すること、読み解くこと

前野　日本の伝統文化に未来の医療の可能性があるというのはすごいですね。

稲葉　本当にそうなんですよ。だから能や謡《うた》いや仕舞いを学んだり、雅楽を積極的に聞きに行ったりしています。丹念にやってみると、こうした稽古が、結果的に医療的な行為になっているということが実感できます。心と体の知恵が全部詰まっているわけです。まず自分の心や体が整わないといい声も音も出ませんし。そういう身心の深い知恵が、伝統の中にすべて保存されていることを再発見する日々です。

前野　なるほど。

稲葉　伝統文化に関わっている方の中には、そのことに気づいていない方もいて、本当にもったいないと思います。とにかく型をやっていればいい、何に役に立つのかはよくわからないけど、というスタンスはもったいない。ただ、別の見方をすればこれもまた日本人のすごいところだと思っています。どうしてそうするのか理由がわからないのに、とりあえずそのまま伝え続けているなんて、非合理的じゃないですか。

前野　たしかに、そうですね。

稲葉　でも、とにかく理由がわからなくても、忠実に型さえ伝えていければ、次の世代には確実に伝わる。三世代先の人が突然忘れていた型の深い意味を思い出してくれるかもしれない。それでいいんですよね。そういう伝承の仕組みをつくっているのが素晴らしいと思います。ぼくはこれを身体を使った「からだ言葉」だと考えているんです。ちょっとした手の角度とかというかたちで表現された身体言語なんです。

前野　暗号のようですね。

稲葉　まさに暗号です。解読されるのを待っている。

「病」とは先生である

前野　稲葉さんは「病というのは、自分にとって親身になってくれる先生のようなものだ」（サンガジャパン Vol.21：2015 Summer）と書いておられますね。これも、読んだときに仰天したんです。でも、今のお話を聞くと、「病」という定義やそれを治療するというとらえ方自体が近代西洋的な一面的な見方である、ということになりますね。

稲葉　結局、人間というのは、考え方によって人生観、世界観がつくられ、現実やリアリティがつくられていくんだと考えています。西洋医学は、身体を「戦いの場」ととらえます。病気という侵略者が、境界線を越えてやってきたから、戦う。癌細胞は自分の細胞が寝返ったものだから、同じように倒して、追放せよという発想です。

前野　そうですね。

稲葉　非西洋医学にも、東洋医学だけではなくいろんなものがあります。それらを参照しながら、医療の本質を考えていくと、「病気」という概念は必ずしも必要ないということがわかります。人の体はそもそも愛と調和の場です。愛と調和のメタファーです。でも、ときどき体も心もバランスが崩れて、不調和や不均衡になることがある。西洋医学では、そういう不均衡な状態を「病気」として名前を決めて、そういう悪い相手といかに戦うかという臨戦態勢に入ります。そうではなく、体や心を全体論的に見て、「調和して完全だった均衡が崩れたのだから、調和の状態に戻っていくにはどうすればいいだろうか」という発想をすればいいわけです。すると「自分がいちばん調和している状態とは何か」をまず考えて、そこを探っていくという発想になっていきます。病名とか病気とか、わざわざ分類していく必要はそもそもないんです。

前野　西洋医学は必要ないということではないですよね。稲葉さんのご専門である、心臓はカテーテル手術したほうが良かったりするケースもあるでしょう。

稲葉　はい。そのほうがいいケースも、もちろんたくさんあります。ただ、現在は西洋医学的な世界観があまりにもその他の考えを凌駕してしまって、人の体を常に戦場のように扱っていると思うんです。宮本武蔵や山岡鉄舟のような武道の達人が「戦っている以上、永遠に敵が現れる」という武術や争いの本質に気づいたように、無敵とは敵がいないことなんですね。敵なんて、最初からいないのです。自分がつくり出したわけですから。一度そのレーンに乗り出すと、永久に戦いの螺旋から降りられなくなるわけです。井上雄彦さんの『バガボンド』のテーマもこういうことではないかと思っています。

前野　なるほど。西洋医学は無敵を目指しているんですね。そうすると、最終的には、東洋的な武道の達人の境地を目指すべきだということに気づかざるを得ない。

稲葉　補完代替医療、統合医療への揺り戻しが来ているのは、ここに原因があると思います。でも、せっかくこうしたものを取り入れても「気の力で癌を倒す」とか「漢方やハーブの力で癌を撲滅する」という西洋医学的ないい方をしてしまうと、結局また永久に戦わなければならなくなってしまう。ぼくは、それは違うといいたいんです。

前野　なるほど。スピリチュアルが効く、東洋だから治るといういい方をしてしまうと、「効く」「治る」を超えた東洋医学的な概念が、西洋医学的なとらえ方に矮小化されてしまいますね。

稲葉　はい。体をどうとらえるのかということです。それによって病気はまったく違うものになる。病気が治るか治らないかは本質ではないのです。全体としての調和こそが、本質なのです。例えば、人間がひとつの細胞しか持たなかったら、病気は即座に死を意味します。でも、60兆個の多細胞になっているので、例えば100万個の細胞が病気になっても、全部を犠牲にせず、その間に全体が新たな調和状態を獲得すれば、生き残ることが可能です。これは一例ですが、こういう違った発想でとらえると「全体を生かすために一部が犠牲になってるんじゃないか」と考えることができるんです。癌も同じです。「わたし」という存在全体を殺さないために、癌化した一部の細胞が重要なことを教えようとしているととらえることができます。その知らせにちゃんと気づいて、また、いちばんいい調和の状態に戻れば、その個体は死なずに済む。これって生命的な戦略としてはすごく有効だと思うんです。

治るとは、治すとは

前野　なるほど。でも癌を放っておくと死んじゃいませんか?

稲葉　そこから何も学ばず、調和に戻れなければ、個体としての全体は死に向かわざるを得ませんよね。

前野　どうやって学ぶんでしょう。

稲葉　それは個別に違います。西洋医学では病名に対しての治療法で対処しますが、全体的な調和という概念は一般化できるものではなく、その人の人生の流れを丁寧にトレースした中で初めてわかり得るものだと思います。具体的には、発育過程、家庭環境など人生の背景にあるもの、病に至るまでのプロセスの全体、性格や気質や人生観、食事などのライフスタイルや思考のクセなどを聞き取りながら、その対話の中で相手を鏡として自分自身を再発見していく。そのうえで、個々人に応じた対応が、対話の中でおのずから決まっていくのだと思います。

前野　個人の歴史を学ぶんですね。先ほどのギリシャ以降の人類のこと全部を学びなおさなきゃならないという話と相似形になっていますね。

稲葉　ええ。やはり個々の体にも心にも、そこへと至る遥かな長い歴史があります。ぼくは体と心を同じものの違う表現だと思っているので、診察や治療で体に触れるときは、心にも触れていると思っています。体と心には、それぞれ固有の歴史が刻まれています。そのプロセスを丁寧に見ないといけません。古代遺跡の発掘作業のようなものです。「多くの人に有効だったから、これをやれば絶対治る」というのは、ぼくは浅はかだと思うんです。だからこそ、考えるんです。

前野　浅はかだけど、役に立つときもありますね。

稲葉　はい。役に立つときもあります。その普遍性を科学は追求してきたんでしょう。方程式のように、何かを代入すればすぐに答えが出るようなものを。ただ、自然治癒力をはじめとして、調和的な命の力で生命が成立していることを絶対に忘れてはいけないと思います。

前野　ああ、なるほど。西洋医学でも薬で治ったように見えるけど、じつはそうではないというケースは多いそうですね。それは現代的な解釈に過ぎない。

稲葉　「治る」という言葉の定義次第ですよね。バランスが崩れたとき、以前とまったく同じ状態に戻る、というよりも、別の新しい平衡状態へと移行する。そっちのほうが「治る」プロセスの実態に近いと思います。実際、宇宙はそういうふうにできているし、自然治癒はそういうものです。そのことを思い出して、それぞれが自分自身の自然へと回帰するお手伝いが、医者の仕事だと思うんです。

狭い水槽から広い海へ出る

前野　そうなってくると、病気になる前から、予防だけじゃなく、生命全般に関わるのが医師ということになりそうです。

稲葉　そうですね。どうしても、難病を治したとか、難しい手術に成功した、奇跡的に生還したといった、派手なことが注目されがちです。でも、本当にすごいのは、病気になっていない方々です。当たり前のように調和な状態がなぜ続いているのか、予防医学的な視点から学ぶことも多いでしょう。西洋医学的な病気の見つけ方や治療法を追求する一方で、ぼくは「生命」や「いのち」というものに対する深い理解に達することが重要だと考えているんです。

前野　西洋医学はダメだから代替医療だという話ではもちろんない。

稲葉　ええ。西洋医学も必要です。ですが、絶対にこれだけですべてが解決するというのは違う。ひとの体は極めて多様です。これもまた分業が大事だと思うんですよ。分業して、手分けして助け合うことで、より多様性を含んだ医療が可能になる。

前野　それぞれに役割がある。

稲葉　ええ。こういう話をするとき、さかなクンをいつも思い出すんです（笑）。

前野　さかなクンですか（笑）。

稲葉　はい。さかなクンが「いじめられている君へ」という内容を書いた記事（朝日新聞2006年12月2日掲載）が、すごく素敵なメッセージだったんです。簡単に説明すると、メジナという魚は海にいるときはいじめなんてしない。だけど、狭い水槽に入れると、必ずいじめるメジナといじめられるメジナに分かれてしまう。じゃあいじめるメジナ、いじめられるメジナを水槽から出したらどうなるか。すると、また別のいじめるメジナといじめられるメジナが出てきてしまうというんですね。つまり、狭い水槽に閉じ込めると必ずいじめは起きる。だから、広い海に勇気を持って出ていきましょうっていう話なんです。

前野　いいですね。

稲葉　ええ。ぼくもいじめや対立は世界が狭いから起きると思っています。広い海に出れば起きない。医療業界も狭まっていくと、対立が起きて、ある種のヒエラルキー構造ができてしまう。ただ、もう狭い枠内で対立したり争ったりする時代は終わると思います。そもそも何のためにわたしたちは医学を生み出したのか、何を探していたんだろうか、ということを考えながら、いかにして協力していくかという調和の時代に移っていく気がしています。

前野　そうですね。そう感じます。

真・善ではなく美で

前野　ぼくがシステムデザイン・マネジメント[11]という研究科づくりに関わったのは、やはり狭い学問分野にこだわらずに、壁を越えた研究・教育をするためです。でも、依然として壁は根強く存在しているなとも感

11―システムデザイン・マネジメント　慶應大学大学院の研究科のひとつ。本書の著者・前野隆司が委員長を務める。あらゆる問題が大規模化、複雑化し、解決困難化する現代に必要とされる全体統合的学問。技術システムの設計から社会システムの構想提言まで、大規模・複雑で不確定要素の多いさまざまなシステムを創造的にデザインし、確実にマネジメントするための学問体系の構築およびその実践を目的とする。

じています。

稲葉　やっぱり「真・善・美」[12]で考えると、真と善は必ず対立します。これが正しい、これが善いと、互いが真と善を主張しあって譲らず、その対立が戦争を起こしたりするわけです。だからこそ、日本人は美で調和している。人類には美と芸術が絶対必要なんだというのは、そのためでもあります。

前野　なるほど。西洋的な真と善で考えるから、勝ったり負けたりする。

稲葉　戦争もそうですよね。真と真、善と善の戦いは、結局力の強いほうが勝ちになるだけです。日本ではどっちも正しいとして、美や芸術のほうへ共存させながら高めていく。無意識のうちにそうしている。万葉集、古今和歌集、古事記……など、日本の古典を読むたびにそう思います。

前野　西洋人とビジネスをすると、日本人は考えをはっきり持ってなくて何を考えているのかわからんといわれますね。それは真と善の世界にいないだけであって、美学で静かにしているともいえます。

12―**真・善・美**　認識上の真と、倫理上の善と、審美上の美。人間の理想としての普遍妥当な価値を指す。それぞれ学問・道徳・芸術の追求目標といえる三つの大きな価値概念。プラトンは、現実世界は理想的な世界の投影であり、真・善・美（＝理想）を求める活動が物事の本質だとした。

13―**民藝**　一般民衆の生活の中から生まれた、素朴で郷土色の強い実用的な工芸。民衆的工芸。大正末期、日常生活器具類に美的な価値を見出そうと、いわゆる「民藝運動」を興した柳宗悦（やなぎむねよし）の造語。

稲葉　笑顔でニコニコしている。調和ですよね（笑）。

前野　論理で勝つことを望んでいない。たしかに、美の世界にいるからかもしれないですね。

稲葉　ええ、そう思います。だけどみんな気づいていない。ぼくは思い出したほうがいいと思ってるんです。もっと調和的な解決法のことを。

前野　たしかに気づいてない。むしろ日本人の悪いところだと思っているふしがあります。

稲葉　祖母がそうだったんですが、日本のお年寄りって突然、俳句とか川柳をやりますよね。ぼくは熊本出身なんですが、肥後狂句が熊日新聞（熊本日日新聞）にすごくたくさん載っている。誰もきちんと川柳や狂句の勉強なんてしてないだろうに、いきなりできてしまう。和歌のポエジー（詩情）は、日本人の美意識に根付いているんだなあと感じました。

前野　ははは（笑）。たしかに。私の祖母も山口で俳句をやっていました。

稲葉　万葉集の歌は、誰がつくったのかよくわからない、詠み人知らずも多いのです。天皇が詠んだ歌も農民が詠んだ歌もすべて同等に取り上げられています。著作権とか誰がつくったなんて自己主張はありません。人類共通の優れた芸術として取り上げているわけで、素晴らしいじゃないですか。柳宗悦が提言した民藝[13]もそうですよね。民衆が使っている優れた民具の美しさ、機能美にのみ注目して、誰がつくったのかは一切問わない。そんなことは美の前に重要なことではないのです。そういう感覚が脈々と当たり前のようにあるんだと思います。この大切な感覚を忘れず、著作権とかビジネスだとかよくわからないものに飲み込まれないように注意する必要があると思います。

前野　アメリカ型の競争社会に飲み込まれずに、日本は美を追求すべき、ということですね。しかし、競争原理を迫るアメリカの巨大なパワーに対抗するには、アメリカ型でやらざるを得ないという面もありませんか？

稲葉　同じ土俵に乗ったらどっちかが負けるまで戦うことになるので、ぼくは別のレイヤー（階層）に行かなくちゃいけないと考えています。そのために、美という価値観を受け継いでもっと有効に活用できるんじゃないかと思っているんです。

前野　美に行けばいいんですね。日本はたまたま戦後、西洋と同じテクノロジーという土俵で勝つことができた。そのままの目線だと、やはりキヤノンだとかトヨタとか技術の強いところに期待してしまう。でも、これからは違うということですか。

稲葉　キヤノンというテクノロジー企業の名前にすら、観音[14]への祈りを込める国ですからね（笑）。日本には、テクノロジーにも美的な次元を持ち込む精神性がある。そういうところを思い出して、勇気を持ってやればいい。

前野　そうなんだなあ。

稲葉　新しい方法に行くわけじゃなく、もともとわたしたちが持っていた自然と一体化したコスモロジーに戻っていくわけです。そうしたら思い出していく。

「みずから」と「おのずから」のあわい

稲葉　ただ、ぼくは意識、無意識という二元論的な表現は使いません。西洋的な発想に巻き込まれやすくないですか？　両者にはある種の壁があって、こっちはおかしな世界、こっちは合理的な世界みたいな感じになりやすい気がするんです。東洋的には、表層意識、深層意識という階層が、色のようにグラデーションでつながっているとみなします。

前野　そうですね。たしかに、二元論的な表現ですね。

稲葉　ぼくは、あわいの世界だと思うんです。

前野　あわい、ですか。

稲葉　東大の学生時代に倫理学を学んだ竹内整一[15]先生のテーマが「あわい」でした。竹内先生は、和辻哲郎[16]先生の流れにある東大倫

14─**観音**　キヤノン株式会社の前身、精機光学研究所が手がけたカメラの最初の試作機は「KWANON（カンノン）」と名づけられ、当時のマークには千手観音が描かれていた。これには観音様の御慈悲にあやかり世界で最高のカメラを創る夢を実現したいという願いが込められていたという。1947年にキヤノンカメラ株式会社に、1969年現名称に変更された。

15─**竹内整一**　（たけうち　せいいち／1946年〜）日本の倫理学者。鎌倉女子大学教授、東京大学名誉教授、日本倫理学会前会長。専門は、倫理学・日本思想史。『「おのずから」と「みずから」──日本思想の基層』ほか著書多数。

理学講座の教授でした。先ほど前野先生もおっしゃってましたが、哲学や倫理学で一生食べていける人はすごいじゃないですか。現代にもこんな人がいるんだと思って「先生はどうしてこの時代に倫理学をやろうと思われたんですか？」と聞いたことがあるんです。そうしたら一言、「『みずから』と『おのずから』のあわいだよ」とおっしゃったんです。その言葉に、ぼくは稲妻に打たれたような衝撃を受けたんです。

前野　みずから、と、おのずからですか。

稲葉　ええ。「みずから」と「おのずから」は、どちらも「自分」の「自」に「ら」と送り仮名を振ります。昔の人は、あるときはルビを「みずから」と振り、ある時は「おのずから」とルビを振った。この両者が合わさってる言葉なんです。

前野　ほお。（メモをとる）

稲葉　この仕事を「みずから」決定したというのは個人の意志や思考です。同時に「おのずから」は運命的な働きですね。自然や宇宙的な力で「おのずから」この仕事を選ぶことになったんだという意

16―**和辻哲郎**（わつじ てつろう／１８８９～１９６０年）『古寺巡礼』、『風土』などの著作で知られる日本の哲学者、倫理学者、文化史家、日本思想史家。主著の『倫理学』は、近代日本における独創性を備えたもっとも体系的な哲学書と呼ばれる。生誕百年を記念し１９８８年度より「和辻哲郎文化賞」（姫路市主催）が、優れた著作に毎年与えられている。

味になる。「みずから」と「おのずから」は同じ字なのに、その両方の意味合いを持つ、あわいの言葉なんです。竹内先生は「みずから」的な意志の力と、「おのずから」という自然そのものの力の、その双方によって倫理学を選択したとおっしゃったんだと思います。

前野　なるほど。すごい。

稲葉　これは日本人の美意識です。例えば「わたしたち結婚することになりました」という言い方があります。結婚するって自分が決めたことなのに、なぜか「なりました」と表現する。これは「自ら」に「おのずから」とルビを振るのと同じです。運命や縁を感じるから「おのずから」結婚するということになりましたという日本語表現になる。これは「みずから」をあんまり主張するのは恥ずかしい、ダサい、美しくないと感じる精神性があるからでしょう。だから「お茶が入りました」っていうんですよ。勝手に入ったわけじゃないんだけど。

前野　おお（笑）。たしかにいいますね。

稲葉　ええ。そこに日本人の美意識があるんですよ。「みずから」を出さない。自分が出したんだから、飲めっていうんじゃないんですよ。この宇宙的な運命的な出会いによって、二人は出会い、お茶は入り、一期一会で、偶然ここで結びついた。その感性なんですね。

レイヤー（階層構造）としての受動意識仮説

前野　なるほど。能動と受動のどちらかも否定せず、両方あるんですね。
稲葉　二元論ではなく、やっぱり階層構造、レイヤー的なんだと思います。地上を見ると「みずから」だけど、地下から見ると「おのずから」が支えていて連続している。層と層の重なりもグラデーションのようになっていて、そのあわいにいる。竹内先生にそれをいわれた瞬間に、自分が考えていた医療や哲学、さまざまな問題の根源に関わることを教えてもらったと思ったんです。
前野　ぼくの受動意識仮説では、自由意志は能動的に「みずから」やっていると思っているけど、本当は無意識の働きに過ぎなくて、意識はそれを受動的にエピソード記憶しているだけだと考えています。そうやって分けること自体が二元論になっているか、どうか。
稲葉　ぼくの解釈では、先生の仮説はまさに「お茶が入りました」の世界だと思います。無意識が「おのずから」あるところに、自由意志で「みずから」お茶を入れたという意識が上書きされている。本当は「みずから」なんて確定的なものはなくて、わたしたちを動かしているのはもっと「おのずから」の世界なんだといっているわけですから、その感性は、東洋的な思想から生み出されたものだと感じます。結婚することになりました、お茶が入りましたの世界ですよ。
前野　なるほど、そう受け取ることができるんですね。じつは受動意識仮説をアメリカ人に話すと「あり得ない」ってすごく嫌がるんです。「指を動かしたい」という意識よりも、脳が指を動かす運動のほうが先であることを発見した生理学者のリベット博士でさえ、実験結果を認められずに「意識には拒否権があるはずだ」といった仮説を立てて、認めていません。ところがインド人にしゃべると、驚くほどみな「そりゃ、そうでしょう」ってあっさり受け入れてくれるんですよ。インドは「おのずから」の世界を知っているのかな。

稲葉　インド人は、輪廻転生をベースにしたカルマ的な因果論に結びつけて解釈するのかもしれません。カルマというのは逃れられない「おのずから」の力です。でも自由意志を持ってそこから悟りを得て、解脱するんだ、という「みずから」の信仰もある。だから、彼らなりのあわいの感覚があるのではないでしょうか。

前野　ああ、なるほど。

稲葉　ただ、日本人にはそれすらもないと思うんです。別に解脱するとか、そんな意識もなくて「おのずから」生まれ、「おのずから」死んでいくという世界観がある。

前野　ちなみに、日本人に受動意識仮説を話すと、納得できる人とできない人の両方がいますね。

稲葉　ぼくは、先生のおっしゃる無意識は「おのずから」だと思います。これは同時に、自然そのものでもある。その自然に意識や人生が乗っているのだという解釈です。ですから、受動意識仮説というのはどこか日本人のポエジーと共鳴している気がします。だからこそ価値があるし、文化的な意味がある。世界が不均衡になってバランスを崩しているときに、大きな助けになる考えだと思います。

前野　いやあ、すごい。今日はぼくがやってきたことの意味や謎を、ひも解いてもらっている感覚があります（笑）。そうか、文化ともつながっているんですね。

稲葉　いやあ（笑）。医者なので、人生のメタファーを読み解こうとしてしまうんだと思います。

無意識とは自然である

前野　稲葉さんは、「無意識とは自然である」とおっしゃいましたね。

稲葉　ええ。ぼくにとっての無意識、深層意識はまさに自然そのものです。「おのずから」あるものです。自然は人間をつくり出し、その人間が中枢神経を持ち、そこから「わたし」という意識が生まれ、さまざまな世界観を形づくっている。そういう流れを思うと、自然という遙かな命の流れがある中で、特定の世界観なんてものは本当に部分に過ぎないなあと感じます。無意識は、それ以外の膨大な世界ですよね。それにつながることさえ忘れなければ、登山道はどこから登っても山頂に通じると思っています。

前野　発想が大きいなあ。西洋より東洋とか、世代やわたしとかじゃなく、人類や生命という基準で考えてるんですね。

稲葉　そうですね。最終的には、そういう基準もすべて宇宙や時間に吸収されて、それこそ色即是空、空即是色的なビジョンなのだと思います。ズームインして、またズームアウトするという循環的で巨視的な視点は大切にしたいな、と。

前野　全体をそうやって自在に受け止めるのってカンタンではないと思います。そうとう頭が良く、知識も豊富でないとこうはいかないでしょう。

稲葉　いやいや（笑）。やっぱり、虫めがねの視野だけではなくて、広い視野や多様な視点も同時に持てるかどうか、それは本来教育が果たすべき役割じゃないでしょうか。

前野　ああ、そうでした。視点さえ持てばいいんですよね。全部知らなくても教え合えばいい。

稲葉　そうです。だからこそ、人はいっぱい存在しているんです（笑）。教育については、学校の歴史教育が、いきなり人類の歴史から始まることに、ぼくは違和感を持っています。

前野　なるほど。人類誕生以前のほうがはるかに長いですね。

稲葉　ええ。しかも、人類史で教えられるポイントってほとんど戦争ばかりです。応仁の乱が何年とかフランス革命が何年とか。これでは、人間はずっと戦って殺し合いをしてるんだと勘違いしちゃう。そうではなくて、もっと宇宙の生まれたときの話から歴史をずーっと教えたらいいんですよ。長い年月を経て、やっと生命ができた。さらに試行錯誤があって、単細胞が生まれた。そこから多細胞化して、ようやく海から陸に上がり、やっと人間が生まれた。その前提を踏まえたうえで、では、人間の話をしましょうと教えたほうがいいと思うんです。

前野　あー。そうすれば世界観が変わりますね。

稲葉　ええ。こうすれば、もっと広い視野と多様な視点で物事を考えられるようになるでしょう。教育は、物事を考える土台に関わるので、そういうことを是非やって欲しいですね。子どもの思考には、古代ギリシャの哲学者がいろいろ考えたような根源的なことが宝箱のように詰まっていると思っていますから。

前野　ということは、もちろん日本の「美」の精神のつながりも学ぶべき?

稲葉　はい。そこには極めて医療的な側面があるとぼくはいいたいですね。

自然と芸術を通じ無意識とつながる

稲葉　ぼくは、芸術とは子どもに還ることだと思っているんです。原始的な生命である「子ども性」というものをどういうふうに思い出し、表現するかという世界なんです。ですから、優れた芸術や美しいものを見ると、子どもに戻る。

前野　大人は、世界を言葉や世界観で分類し、解釈していくけど、子どもは、いちばん最初のかたち、根源的で大きなもののまま扱っているといえますね。

稲葉　そうですね。まさに未分化な、宇宙と自然、すべてがつながった世界に生きていると思います。

前野　たしかに絵画の約束事みたいなものを知らない子どもは、自由な表現をしますね。

稲葉　そうですよね。芸術は、そこに戻るための方法なんだと思うんです。

前野　いいですね。優れた芸術に触れるとそこに戻れる。他にもありますか？

稲葉　やっぱり自然がつくり出したものにはその根源があると思います。自然に触れる機会をつくるといいんじゃないでしょうか。海とか山とか川とか、自然の中に入って、一体につながる。

前野　自然と一体といえば、稲葉さんは山に登られるそうですね。

稲葉　ええ。やっぱり体がおのずから求めているという感覚があります。人体も自然の一部ですから、意識世界の人工空間に居続けると、体や心などの無意識世界は不具合を起こしやすいのでしょう。

前野　狭いところにいると、戦っちゃいますし（笑）。

稲葉　そうですね。山に行って、雲とか、空とか、星や鳥を見ていると、これが地球だということを思い出せる気がします。山には定期的に登っています。

前野　手つかずの森に入るという体験を最近したんですが、まさにおっしゃる通りですね。

稲葉　ええ。自然に触れると、誰でも原始感覚が立ち上がってきて、必ず思い出すんですよね。それは自分の体が、本来あるべき場所に置かれていることから来る、「生命記憶」とでも呼ぶべきものだと思います。自然治癒力も呼び覚まされるし、自然に触れることは広い意味での医療なんです。

前野　なるほど。そこでおっしゃる生命記憶というのは、２歳の記憶とか、日本的な美の感覚、そういった無意識に眠っている部分ですよね。２５００年前のギリシャ人たちが考えたであろうことにも似ている部分。

稲葉　そうですね。無意識に受け継いでいるものだと思います。自分の中では宇宙が生まれたときからの記憶も含んでいますが。

前野　無意識を整える方法、他にも何かありますか？

稲葉　人間を介したものなら、やはり芸術だと思います。

前野　いわゆる美術品に限らず、俳句でもいい？

稲葉　はい。音楽、踊りやダンスでもいいと思います。芸術に触れることで感性の世界を思い出す。それが自然とつながるきっかけになると思いますね。

学問は和洋中に使える包丁である

前野　こうしてお話を聞いていると、医療という分野の可能性を強く感じます。

稲葉　ありがとうございます。ただ、それも定義次第だと思います。すごく狭く定義すれば、病院の中だけに限定して、水槽の中でメジナをいじめることもできるでしょう(笑)。でも、ぼくは医療自体の枠を広げたいと思っています。先ほど話したような民俗学や古典芸能だけでなく、芸術も間違いなく、人を元気に幸せにしている。これはぼくにとって医療です。いい服を着たら元気になる、いい家に住んだら幸せになる、恋をしたら元気になる。すべてが医療として扱えます。地方をどうやって元気にするかという地方創生も、すごく医療的な行為ととらえることができるんです。自然を基礎にした自然医療のようなものに地方自治体が取り組むことで、地方をもっと元気にしたいんです。自然が大好きですから。

前野　おもしろい。ぼくは工学者として、エンジニアリングを、科学を人の役に立つかたちにしていくものだと思ってきました。それを広げていたら、脳科学、幸福学、地域活性化もエンジニアリングだったんです。すべてはエンジニアリングである。同じ志ですよね。

稲葉　はい、そう思います。

前野　学問が広がっていくと全部重なり合っていく。あらゆる学問分野の人がこうやって協業すると、非常にいいところが見えてくるんですよね。

稲葉　養老孟司先生が、日本料理を学ぶ、イタリア料理を学ぶとかじゃなくて、まず包丁の使い方を学ぶべきだとおっしゃっていました。道具としての包丁の使い方がわかれば、和洋中なんでも料理できる。学問も包丁と同じで道具なんですよね。医学という包丁を自由自在に扱えるようになれば、目の前の困っている人を助けるだけでなく、地域の活性化も、芸術も、美も、全部に医療的な道具として使えるはずなんです。

前野　素晴らしい。

稲葉　前野先生も工学をある種の包丁のようにして、いろんな料理をつくっておられるんだと思います。学問とは、そもそもそういうものですよね？

前野　そう思いますね。残念ながら、まだ少数派ではありますが。

稲葉　たしかにそうですね。でも、みんなが一生懸命、10年、20年もかけて勉強しているのは、そのためだと思うんです。政治、経済、文学、工学、理学、医学などいろいろあるけど、それはすべて道具でしょう。文学的な知識や感性、政治的なスキルや感性で、社会を良くしたり人を元気にしたり、美しいものをつくったりしたい。

前野　ええ。ええ。

稲葉　ある程度、包丁が自由自在に使えて、素材のことを知るためには修行期間が必要ですよね。でも、それが終わったらいつまでも狭い水槽で議論していても仕方がない。外に出るべきです。仲間を増やしていけば「これがむしろ普通だよ」ってなるんじゃないでしょうか。今はその過渡期じゃないでしょうか。

前野　あるとき、我々みたいのがポーンと当たり前になる？

稲葉　そう思います。

前野　いいですね。そのときには学問と学問以外の実社会の境もなくなっていて欲しいですね。今日は研究者同士で話していますが、普通に企業活動などに関わっている人も含めて、大きなビジョンについて議論できる時代が来るといいですね。

パラダイムシフトの分岐点

前野　日本人の持つ「美」の感覚が、医療だけでなく、西洋的な「真」「善」に代わる価値観になるというお話はすごく刺激的でした。

稲葉　そう考えています。美は、愛や調和の世界だと思います。

前野　わたしたち日本人にとっては、この感覚は無意識のうちに備わっている。そっち側に変わろうという動きも見える。たしかにここ5年か10年、グイーンと加速している感じはしています。こんな本の企画が通ること自体、10年くらい前だと考えられなかった（笑）。

稲葉　スピリチュアル系の精神世界の本として扱われたかもしれませんね。もちろん、そういう人類精神の裏面史も脈々と続いていますし、それはそれとして重要なのですが。

前野　今や瞑想技法であるマインドフルネスのプログラムを、グーグルが開発する時代になっています。堤防を越えるものが、出始めてる感じがする。ただ、今のマインドフルネスはやっぱり「ビジネスに生かす」というスタンスで取り上げられていますよね。アメリカ人のこういう考え方も変わると思いますか？

稲葉　まあ、変わるんでしょうね、そうしないと自滅しちゃいますから。

前野　すると世界が美や調和の世界になる？

稲葉　世界もまた、不調和な状態を経過して調和状態に向かっているというイメージです。

ですから、それが本来の状態から逸《そ》れていけば、また新たな平衡状態に移行するんでしょう。そういう不易流行[17]なものだと思います。

前野　なるほど。そこも長い時間のスケールでとらえているんですね。

稲葉　はい。でも、今という時代は、はっきり調和の方向に向かっています。現場でいろんな人を見ていますが、みんながそう願っているのを感じますから。

前野　その確信がすごいなあ。ぼくの中では、新しい世界の自分と古い世界の自分が戦ってるような感じがします。

稲葉　それも西洋的な幻想なんですよ。「おのずから」の受動意識仮説や美なら、戦う必要はありません。

前野　ああ、なるほど。ということは、あるときにドンと変化する？

稲葉　ある時期に突然、飛行機が全部禁煙席になりましたけど、もう喫煙だった頃を思い出せませんよね。そもそも、あの密室空間で喫煙を許すというのはどういうことだったんだろうか、と、その理由も何もかもよく思い出せませんよね。いつのまにか喫煙が禁煙に

17—**不易流行**　俳諧の理念。松尾芭蕉が元禄2（1689）年頃から説き始め、門弟たちにより流布されたという。一般には句の姿の問題として解され、趣向、表現に新奇な点がなく新古を超越した落ち着きのあるものが「不易」、そのときどきの時代にしたがって斬新さを発揮したものが「流行」とされる。本質的なものを忘れない中にも、新しく変化を取り入れていくこと、その新味を求めて変化を重ねていく流行性こそが不易の本質であると説いている。

18—**相転移**　（そうてんい、phase transition）ある系の相（phase）が別の相へ変わることを指す。熱力学または統計力学において、相はある特徴を持った系の安定した状態の集合として定義される。例えば、物質が気体から液体や固体へ、あるいはその逆に相を変えることを相転移と呼ぶ。口語的には相転移に伴う現象も含めて、相転移と呼ぶことがある。

変わって、それが当たり前になったように、昔からずっと禁煙だったみたいな。そういう感じになるんじゃないかと（笑）。

前野　ははは（笑）。考えてみると、日本の人口が減少に転じたのも象徴的なのかもしれませんね。近代の合理化によって人を増やし、戦ってきたという価値観が逆転する兆しなのかもしれません。じつはすごい相転移[18]が起こりつつあるのかも。

稲葉　分岐点でしょうね。

前野　日本が最初に分岐を越えるとしたら、楽しみです。

稲葉　分岐を迎えて、峠を越えようとしているわけですね。先生やぼくはもう気づいてるので、まわりを気にせずスタスタと先へ先へと歩いています。遅かれ早かれ、誰もが必ずこの峠を越える必要があるでしょう。でも、それは遅いか早いかの違いで、どちらが偉いとかそういうことではありません。そして、みんながふと後ろを振り返り、「あの山はいつの時代に越えたものだったのかな？　思い出せないなぁ」なんていうことになるかもしれませんよ。

前野　すごい自信ですね（笑）。

稲葉　いや、だって、絶対そうなるんですよ（笑）。

前野　ですね。一緒に峠を越えて新しい時代へ進みましょう！

稲葉俊郎さんとの対談を終えて

合氣道、仏教、森と続き、最後は大学教員同士の対談になりました。

稲葉さんはまだ30代半ばの若い医学者ですが、網羅している範囲の広さと洞察の深さに圧倒されました。よどみなく話される言葉の情報量が非常に多い。でもそれだけでなく、話す内容それぞれについて独自の視点から深く分析もなさっている。受動意識仮説についても、わたしが気づいていなかった明快な解釈を加えていただき、非常に参考になりました。

例えば、民俗学と医療との関わりについて。わたしもこれまで工学から始まり脳科学、心理学、哲学など、さまざまなジャンルの知見に触れてきたつもりでしたが、民俗学にこれほど多くのヒントが詰まっていることにはまったく気づいていませんでした。こんな魅力的な学問があったのかとびっくりした次第です。また日本人が古くから伝えてきた「美」の感覚についての深い洞察を聞いたときには、ぞくっとしました。日本人であるわたしたちは、無意識のうちにこうしたことを感じ取り、自然に表現し、長い年月をずっと伝えてきたのでしょう。文化と脳の関係、そこに関わる無意識の位置づけについても、きちんと考えてみる必要があるなと思いました。

もっとも印象的だったのは、稲葉さんがこうした分析を続ける目的が「言葉にならないもの」「子どものときの宿題」を追求するためだという点です。言葉にできないものの正体を知るため、膨大な言葉を重ねておられるわけです。最先端医療だけでなく民俗学、古典芸能までも勉強して、壮大で夢のある世界観を展開しておられる。その姿勢は、同じ研究者として、身が引き締まると同時に、非常に勇気づけられるものでした。

稲葉さんは強い信念をお持ちですが、非常に柔らかい物腰で全体感のあるお話をなさいます。もっというと、「世界への愛」を感じます。これは今回対談させていただいた4名全員に共通する部分で、こうした方々の言葉は無意識にズバッと入ってきます。これが「開かれている」ということなのでしょう。

あらゆる学問に対しオープンになるとともに、たとえば東洋と西洋という区分も超えて世界自体の大きな歴史に対してオープンになる。その先に見えてくるものは、美と調和の未来である。それは必然である。そんな力強い想いを描くとき、心はおのずから整わざるを得ません。

無意識を整える習慣

- 子どもの頃に考えていた根源的な問いを思い出してみる
- 古来の伝統や学問に親しみ、その本質を再発見してみる
- 美や芸術に触れ、道を究め、人間性を深める
- 「みずから」と「おのずから」のあわいを感じてみる
- 宇宙の視点と顕微鏡の視点を行き来してみる
- 自分の体や心と対話してみる
- 自然と触れ、自分がその一部であることを感じてみる

あとがき

すごい本ができました。4名の方々との知の競演による、新世界への誘《いざな》いの書が。

わたしは、意識と無意識（潜在意識、深層意識）の問題について、脳神経科学、認知心理学、工学の視点から考えつづけてきたという自負があります。しかし、そんなわたしだけでは到底たどり着けないような深みと広がりに、4名の方との対談を通して到達することができました。本書には、人生を歩むうえで重要なことが網羅的に述べられているといっても過言ではありません。もちろん、あらゆることを網羅することは不可能でしょうが、少なくとも、世界、身体、心に関する本質的な点について、深く広く論じることができました。

それぞれ専門分野は違えども、同じ価値観を共有する「同士」として信頼する、4名の方々と、言葉は違えども、同じ主題について、すなわち、世界と身体と心について、語り合った本です。本書の内容を一言で述べることは適切ではありませんが、あえて要約すれば、合理主義、進歩主義、自由意志、脳一元論、弱肉強食、要素還元主義などといった近代以降のパラダイムが重視され過ぎた現代社会において、世界と身体と心のつながり、調和とバランス、オープンな循環、分野横断型の知の集積、といった、古くて新しい見方を再評価するための方法と思想が縦横無尽にちりばめられた書です。

わたしはイノベーションの研究に携わる中で、多様な人間が協業すると、思いもよらない創造性が発揮できることを知っていますが、まさにその好例であるともいえます。4名の方々とわたしの脳が接続された結果、知が拡張し、わたしが心からお伝えしたかった主題が、わたしが述べる以上に鮮明かつ多層的な言葉となり、豊かに繰り出されることとなりました。

それから、4名のみなさんが共通して、愛にあふれ、ポジティブだったのが非常に印象的で、わたしが提唱する幸せの4つの条件（①自己実現と成長、②つながりと感謝、③前向きと楽観、④独立とマイペース）がまさに当てはまる方々でした。特に全員の方が、あらゆることに肯定的な心の広さと世界観をお持ちなので、その包容力に引き込まれていくような幸せな対談となりました。

読者のみなさんは、いかがでしたでしょうか。

ところで、本書のタイトルは『人生が変わる！　無意識の整え方～身体も心も運命もなぜかうまく動きだす30の習慣』です。もしかしたら、タイトルと内容が一致していないという感想を持たれた方もいらっしゃるかもしれません。わたし自身も、無意識を整えるというよりも『世界の整え方』のほうが近いのではないのか、いや、『精神世界の科学』とか、『前野隆司　4人の達人とのパラダイムシフト対談』とか、『21世紀はこう変わる　4人の次世代型リーダーとの対話』とか、『5人は知っている〜心・体・世界の未来』といった壮大なタイトルのほうがふさわしいのではないか、という気もします。しかも、本書では運命の話はしていませんので「運命がなぜかうまく動きだす」保証はありません。でも、ここは、百戦錬磨の出版社の方が決めてくれたタイトルなので、尊重することにしましょう。

本書のタイトルは、要するに、「無意識を整える」ことにフォーカスして命名されています。「無意識を整える」という視点から、よりよく生きるためのヒントについて考えましょう、ということが主題だと考えればいいでしょう。

近年、「無意識」の科学が盛んになっています。例えば心理学では、「人の無意識は意識や行動にどのようにつながっているか」についての研究が幅広くおこなわれています。例えば「二人の写真を見せられた人が、どちらが好きかを意識的に決定するよりも前に、すでに無意識的な決定はなされている」とか「意識していなかった環境音を、じつは人は覚えている」とか。

脳神経科学においても、「歩行などの動作や言語の多くが小脳による無意識的な制御に基づいていること」や「身体を動かそうとする自由意志をわたしたちが意識するよりもサブミリ秒前に、無意識下の決定はすでに下されていること」など、多くの研究がおこなわれています。マーケティングやモチベーションの分野でも、無意識の重要性が指摘されています。

つまり、意識下の情報処理が脳の情報処理のほんの一部に過ぎないことが明らかとなった今、アクセスしにくい無意識に着目し、「人の認知において、いかに無意識が重要な役割を担っているか」を明らかにすることが、現代科学における極めて重要なトピックになっているのです。

では、「無意識を整える」とはどういうことなのでしょうか。

論理的に考えると、「無意識」は「意識」がアクセスできない心の部分ですから、「無意識」を、「意識」的に整えることは一見不可能に思えます。しかし、本書をお読みいただいた方には明らかなように、言葉に意識を集中したり、姿勢を正したり、ゆっくり呼吸をしたり、世界全体がつながっていることを意識したりすることによって、心と身体全体が整った状態になりますよね。これが「無意識も整った状態」といえるのではないかと思います。

無意識は、さまざまな形で世界とつながっています。拙著『脳はなぜ「心」を作ったのか──「私」の謎を解く受動意識仮説』（筑摩書房）に述べたことを再掲すると、「無意識」こそが、世界と多様につながっている機能なのです。「意識」のほうは、「無意識」がおこなった結果のほんの一部に注意を向け（た気になり）、直列的な意識体験としてモニターしている機能に過ぎません。

ですから、「無意識を整える」ことは、わたしたちが普段は意識できない、世界との多様で豊かなチャンネルを、健全で鋭敏な開いた回路にしておくことであるといえそうです。無意識システムが適切に機能すれば、わたしたちは、多様な人々と豊かにつながって、健康に、ポジティブに、より良く、充実して、幸せに生きることができるというわけです。

結局、本書のテーマは「無意識を整える」ことであるように見えて、じつは、「世界と身体と心の全体を整える」ことだったのかもしれません。つまり、無意識はもともと整っているものかもしれない。そして、わたしたちみんなが、整った無意識を適切に意識する状態に立ち返ることができれば、おのずから、世界は整っていくのではないでしょうか。

そう、整った未来は、今まさにわたしたちの眼の前に出現しつつあるのです。心豊かに、開いて、整った、より良い世界を構築するために、みんなでともに歩みましょう！

前野隆司

２０１５年12月

前野隆司　まえのたかし

慶應義塾大学大学院システムデザイン・マネジメント研究科教授。
1962年山口県生まれ。東京工業大学理工学研究科機械工学専攻修士課程修了後、
キヤノン株式会社でカメラやロボットの研究職に従事したのち、慶應義塾大学教授に転ずる。
ロボット工学に関連して、人工知能の問題を追いかける途上で、人間の意識に関する仮説
「受動意識仮説」を見いだす。現在はヒューマンインターフェイス、ロボット、教育、地域社会、
ビジネス、幸福な人生、平和な世界のデザインまで、さまざまなシステムデザイン・マネジメント
研究をおこなっている。著書に『幸せの日本論 日本人という謎を解く』、『脳はなぜ「心」を
作ったのか ―「私」の謎を解く受動意識仮説』、『幸せのメカニズム　実践・幸福学入門』
などがある。

人生が変わる！
無意識の整え方
身体も心も運命もなぜかうまく動きだす30の習慣

2016年2月10日　初版発行
2016年3月10日　2版発行

著　者　前野隆司

発行者　佐藤俊彦
発行所　株式会社ワニ・プラス
〒150 － 8482
東京都渋谷区恵比寿4－4－9　えびす大黒ビル7F
電話　03 － 5449 － 2171（編集）
発売元　株式会社ワニブックス
〒150 － 8482
東京都渋谷区恵比寿4－4－9えびす大黒ビル
電話　03 － 5449 － 2711（代表）

ブックデザイン　寄藤文平＋新垣裕子（文平銀座）
編集協力　古田 靖
撮影　門馬央典
印刷・製本所　中央精版印刷株式会社
DTP　小田光美（オフィスメイプル）

　ISBN 978-4-8470-9410-1